JN439913

구름따라 바람따라

하루 하루 잘 살아가기

구름따라 바람따라

하루 하루 잘 살아가기

초판 1쇄 인쇄 | 2018년 08월 16일

지은이 | 김용림

펴낸이 | 이승훈

펴낸곳 | 해드림출판사

주 소 | 서울 영등포구 경인로82길 3-4(문래동1가 39)

센터플러스빌딩 1004호(우편07371)

전 화 | 02-2612-5552

팩 스 | 02-2688-5568

E-mail | jlee5059@hanmail.net

등록번호 제2013-000076

등록일자 2008년 9월 29일

ISBN 979-11-5634-296-0

김용림 에세이

구름따라 바람따라

하루 하루 잘 살아가기

함께 나눈 하루하루 잘 살아온 순간들이 지금 아름답게 행복하게
다시 못 올 추억으로 남아 있다.

해드림출판사

펴내는 글

구름 따라 바람 따라

그해 강남구청의 '문예창작교실'에는 강남에 사는 3, 4십 명의 문학에 소질이 있고 취미가 같은 주부들이 매주 모여 수강을 했다. 이유식 평론가, 박동규 시인, 최병탁 소설가의 강의에 우리들은 열중했다.

이것이 모태가 되어 1997년 문학단체가 하나 결성되었다.

당시 뜻을 같이한 20여 명의 회원 중에는 이미 수필가, 시인, 시나리오작가, 아동문학가에 이르기까지 다양한 장르에 등단한 사람이 많았다. 회장은 등단순서와 나이순으로 선출되어 이끌어 갔다.

우리는 매월 1회 정기적으로 만나다가 3년 후, 종합문예지를 만들어보자는 의견을 모았다. 드디어 2000년도에 강남구청의 도움을 얻어 창간호를 발간하게 되었다. 이제 강남 사모님들이 아니라 지성적인 강남 여성 문인으로 이미지 탈피를 하게 된 것이다.

세월이 흘러 나는 2대 회장이 되었고 격년으로 2, 3, 4집을 냈다. 상당 기간 회원들과 가족처럼 너무 친숙하게 지내다 보니 회원 간에 조그마한 오해도 생기고 이에 갈등도 생겨 티격태격하기도 여러 번이었지만 그러면서 더 돈독히 단결되어갔다. 나의 임기가 끝나고 2017년, 나는 강남구 청소년지도위원으로 그해 대모산청소년백일장 작품들을 게재할 『대모문학』 창간호를 만들었다. 그런데 2018년, 금년에 벌써 『대모문학』12집을 발간한다. 세월은 그렇게 나에게 반갑잖은 원로작가라는 이름표를 붙여 준다. 마치 나의 성장 과정이던 딸에서 어머니로 또 할머니로 차츰 올라가듯이 작가로서 신인, 중견, 이젠 원로(?)란 말을 듣게 되었다. 이젠 어느 모임에 참석하나 나보다 어린 사람들이 훨씬 많아 나는 왕언니란 칭호를 자주 받는다.

우린 구름 따라 바람 따라 국내는 물론 일본 중국 등 해외로 문학기행을 자주 떠났다. 그때 함께 나눈 하루하루 잘 살아온 순간들이 지금 아름답게 행복하게 다시 못 올 추억으로 남아 있다.

나는 중학생 때 국어 과목에 제일 흥미를 느꼈고 고(故) 박화성 작가의 신문 연재소설을 흥미롭게 읽으며 작가의 꿈을 키웠고 유현종 소설, 정현종 시를 많이 읽었는데 오래도록 다른 길로 가다가 결국 문학에 정착했다.

이제 문학계에 쟁쟁한 분들과 얼굴을 마주하며 같이 활동하고 있으니 얼마나 기쁘고 행복한가, 내 꿈을 다 이루었다. 그래서 하루하루가 즐겁다. 같이 활동하는 엄 작가가 어느 날 나에게 '만소'라는 호를 지어줬다. 뜻을 물었더니 언제나 내 얼굴엔 미소가 가득해서란다. 그래 나는 이제 내 이름보다 "만소 님," 하고 부르는 소리에 더 익숙해져가고 있다.

누가 "만소님," 하고 부르면 내 귀엔 "작가님," 하고 부르는 것 같다. 듣기 좋다. 주부들이 모여 한가하게 글이나 쓰는가, 생각할지 모르겠으나 우리 여성들이 글을 읽고 쓰고 책을 가까이하는 것은, 자신들의 교양을 쌓는 일이기도 하지만 자녀교육, 가정교육, 나아가 사회교육에 훌륭한 어머니, 멘토, 지도자가 되는 것이기도 하는 것이다.

2018년 여름

만소, 김용림

차 례

1 동해안 최북단

2 작품의 산실

차 례

3 별은 내 가슴에

4 한강 변에 앉아

1

동해안 최북단

편백 힐링

옛 직장동료 6명이 드디어 날짜를 정했다. 그동안 애경사 때만 모였는데 친목을 돈독히 도모하기 위해 특별한 일 없이도 그냥 한번 모이자 모이자 해놓고 1년 만이다. 흙집과 통나무집, 돌로 만든 바위집, 전통 한옥 등 펜션시설이 있는 편백숲으로 힐링을 하러 가는 날이다.

서울에서 정남진인 장흥까지 고속버스로 가는 길은 참 멀었다. 광주에 사는 경숙 씨가 쌀, 김치, 된장, 상추 등 먹을거리를 많이 준비해왔다. 장흥토요장터가 열리는 곳에서는 장흥한우 표고버섯 편백베개 등 특산품을 저렴하게 팔고 있었다. 우리는 소문난 곰탕집에서 식사를 하고 시장을 한 바퀴 둘러보며 표고버섯장사 아주머니와 흥정을 했다. 아주머니는 내 손을 덥석 잡으며 "어디서들 오셨소? 손이 이렇게도 고우니 모두 금수저 사모님들이구먼요. 아이구 부러워라." 한다. 한우와 생표고를 넉넉하게 사 들고 미리 예약해둔 펜션으로 갔다.

억불산에 우뚝 솟은 봉우리, 며느리 바위가 아주 가깝게 보였다. 장흥은 나의 시댁이기도 해서 서울로 오며 가며 남편한테 억불산 이야기는 수차례 들은 바 있다. 518미터 그리 높지 않은 산이라 초등학교 6년 중학교 3년 동안 매년 봄가을 단골 소풍지였단다.

매표소를 지나 우리들이 묵을 방에 짐을 풀어두고 나무 데크로 만들어진 긴 산책로를 따라 걸어 올라갔다. 우드랜드 말레길(무장애데크)이라 했다. '말레' 는 대청마루의 '대청'의 이곳 장흥 지방의 옛말이다. 편백숲 길을 따라 거의 정상까지 가다가 날이 어둑해져 다음에 기회가 된다면 정상까지 올라 봐야겠다, 하고 되돌아섰다.

며느리바위에 대한 전설이 적힌 푯말 앞에 잠깐 쉬어 섰다. 「탐진강 주변에 구두쇠가 살았는데 시주를 하러 온 도승을 박절하게 내쫓자 며느리가 용서를 빌었다. 도승은 며느리에게 모종 모일 이곳에 물난리가 날 터이니 산 위로 피신하되 절대 뒤돌아보아선 안 된다고 일러줬다. 도승이 말한 그 날이 되자 정말 물난리가 나서 며느리는 산 위로 도망가는데 시아버지가 애타게 부르자 자기도 모르게 뒤돌아보아 돌로 변했다.」 한쪽은 물이고 한쪽은 불이라는 것이 다르지만 '소돔과 고모라'와 비슷한 이야기다. 며느리바위는 산을 등지고 있는데 가까이 가 보면 애기를 업고 있는 형상이란다. 다시 한번 쳐다보니 정말 그래 보였다.

6명 모두 알뜰 주부 살림꾼들이라 최소의 금액으로 최대의 만찬을 오붓이 즐겼다. 우리는 60년대 후반부터 70년대 초에 보건소에서 콜레라 장티푸스 모자보건 결핵 관리 등 예방의학을 맡아 보건요원으로 근무했었다. 당시 가족계획 전담 보건요원들은 3, 3, 35법칙이라고 해서 세 자녀를 3년 터울로 35세 이전에 다 낳자는 계몽운동을 했다. 이대로 인구증가를 보고만 있다면 좁은 땅덩어리에 식량부족 같은 예를 들면서 남성의 정관 수술과 여성의 난관 수술을 장려하여 나라에서 무료로 시술 해주었다. 그 밖에 남성 피임기구인 콘돔도 무료로 배부했고 여성의 자궁 내 장치(루프)도 무료로 해주며 적극 산아제한을 권장했다.

70년대에는 이제 세 자녀도 많다며 '딸 아들 구별 말고 둘만 낳아 잘 기르자'란 구호를 외쳤다. 그러다가 '잘 기른 딸 하나 열 아들 안 부럽다'란 구호로 바뀌며 마침내 한 자녀 갖기 운동까지 했다. 그래서 공무원 자녀들의 고등학교까지 대주는 학비 보조도 1977년 이후에 태어난 세 번째 아이부터는 지급되지 않았다. 그때 여러 자녀를 둔 사람들은 두 자녀까지만 혜택을 받고 나머지는 자비로 가르쳐야 했다. 나 역시도 그때의 국가시책에 맞춰 35세 이전에 세 자녀를 두었는데 한동안 나더러 세 자녀나 낳은 인간은 야만인이라며 놀리는 이도 적잖았다. 그로부터 3, 40년이 지난 지금은 오히려 그 반대로 두 번째 아이부터는 출산축하금을 주고 유아 교육비까지 보조해주고 열심히 출산장려를 하고 있는 형편이다. 당시 나의 설득으로 정관수술을 받았던 아저씨들한테는 새삼스럽게 미안한 마음이 든다. 이젠 모두 돌아가셨지만. 나도 이젠 야만인에서 애국자로 이름이 바뀌었다.

편백숲 향기 속에서 우린 추억을 더듬다가 잠이 들고 이튿날 느지막이 광주로 올라와 경숙 씨 집에서 다시 1박을 하게 되었다.

6명 중 나는 제일 먼저 보건소를 이직해 인근 초등학교로 직장을 옮겼고 3명은 결혼과 동시에 직장을 그만두었고 경숙 씨와 내 동갑인 명자는 보건소에서 정년을 맞았다.

경숙 씨 결혼식장에서였다. 중매결혼이라는데 신랑이 귀공자 같았다. 중고등학교 수학 선생님이라 했다. 이후 아들딸 낳고 맞벌이 부부로 또 홀시어머니 모시고 부모 없는 시조카들과 시동생들을 잘 키우고 가르쳐 의사, 교수로 만들어 냈고 병원까지 차려주는 등 모범 부부로 잘살고 있다는 소문이 파다 칭찬이 자자했다.

경숙 씨 집에 들어섰을 때는 남편이 보이지 않았다. 같은 아파트에 살고 있는 외손자 수학지도 하러 갔다고 한다. 경숙 씨가 부지런히 저녁을 준비해놓고 기다리니 벨이 울렸다. 40여 년 만에 만나는 경숙 씨 남편을 보자 나는 절로 웃음이 나왔다. 그 젊고 미남이었던 신랑은 검정 머리 한 올 없는 온통 흰머리인 누가 봐도 이젠 할아버지시다.

한 상에 밥을 같이 먹으며 경숙 씨 남편은 말한다. "저도 한때는 작가가 되고 싶었어요. 집사람한테 보내주신 대모문학 책 저도 열심히 읽었습니다." 나는 말했다. 선생님 같은 금수저 타입은 작가 못해요. 작가는 거의 성장 과정에 말 못 할 아픔이 많은 사람들이 글로 풀어내지요, 그랬더니 당신의 과거를 술술 풀어놓는다.

아버지 부재에 홀어머니와 형님, 동생들 줄줄이 피난 내려와 황

룡강 언덕에 천막을 치고 비참한 생활을 하면서 초등학교를 겨우 마쳤습니다. 졸업과 동시에 선생님의 배려로 송정역 파출소에 급사로 일했습니다. 직원들은 파출소 앞 식당에서 아침밥을 시켜 먹었습니다. 내 친구들은 날마다 중학교 교복 입고 모자 쓰고 책가방 들고 내가 일하는 파출소 앞을 지나 통학차 타러 갑니다. 나는 식당에서 직원 밥상인 쟁반을 들고나오다가 친구들과 매일 마주칩니다. 나는 공부가 너무 하고 싶어서 직원들이 승진 시험 보는 책을 곁눈질로 통독했습니다. 직원들은 너처럼 영리하고 똑똑한 애가 이러고 있기엔 너무 아깝다며 야간학교, 검정고시, 등의 길을 안내해주어 홈스쿨링으로 중고등학교를 졸업했습니다. 장학금을 받아가며 가정교사를 해가며 또 어렵게 대학을 졸업하고 직장을 얻었답니다.

선생님, 지금이라도 글을 쓰시죠. 밖에 할 말이 없었다. 그분은 형님이 안 계신 조카들을 가르치기 위해 방과 후에 수학 그룹과외지도를 하고 24시간을 쪼개 쓰며 돈이 되는 부름이라면 어디든 열심히 했다. 교과서 같은 삶을 살았다. 곱게 쌍꺼풀지고 큰 눈이 마치 사슴같이 선해보였다. 훌륭한 아들로 성실한 가장으로 아버지로 삼촌으로 실력 있는 선생님은 물론, 자상한 외할아버지로까지 건전한 대한민국 국민으로 살아온 선생님에게 한없이 존경심이 들었다. 누가 이분의 삶을 따라갈 수 있을까, 누가 이보다 더 행복한 사회를 만들어갈 수 있을까. 감동이었다. 그 자리에서 선생님, 사인 한 장 해주세요, 하고 싶었다.

천년 고찰 봉은사

매년 음력 4월 8일은 부처님 오신 날이라고 공휴일로 지정되었다. 해마다 이때쯤이면 늦은 봄에서 초여름으로 넘어가는 길목이라 세상이 온통 연초록에서 녹색으로 변해가는 모습을 볼 수 있어서 좋다. 계절을 즐기며 서울 도심에 있으면서도 천년의 고찰을 느낄 수 있는 봉은사에 다녀왔다.

봉은사는 서울시 강남구 수도산자락 강남구 봉은사로 531 강남 한복판에 위치한 절로서 신라 시대 연희국사가 794년(원성왕 10)에 견성사란 이름으로 창건하였다. 이후 조선 시대에 성종비인 정현왕후가 성종의 능인 선릉을 조성하면서 선릉의 봉릉사찰로 중창하면서 지금의 봉은사로 개칭하였다.

조선 시대에는 숭유억불 정책을 시행하면서 고려 시대에 비해 불교가 쇠퇴하게 되는데 봉은사가 전국의 수사찰의 위상으로 떠오른 것은 명종 대의 문정왕후와 보우대사가 만나면서이다.

어린 명종을 대신해 섭정을 한 문정왕후는 유난히 불심이 깊었다. 1551년(명종6) 특명으로 봉은사의 주지가 된 보우는 연산군 이후 폐지되었던 승과 제도를 다시 부활시키게 된다. 사찰에서 시행하는 일종의 과거제도인 셈이다. 그때 이곳 봉은사 앞 넓은 언덕까지 이 시험을 치르려는 전국의 승려들이 모여들어 인산인해를 이뤘다고 한다.

당시에는 불교를 배척하는 분위기에 전국의 사찰들이 문을 닫고 많은 승려의 위상은 땅에 떨어져서 갈 곳이 없던 터라 모두가 이 시험을 치러서 신분을 보장받고자 하였다. 그래서 이곳을 승려들이 시험을 치른다 하여 '중의벌' 승과평이라 불렀다. 지금의 무역센터 코엑스가 자리한 곳이다. 지금은 '승과평'이란 표지석만 이곳에 남아있다.

1552년 첫 승과시에는 우리가 잘 알고 있는 서산대사 휴정이 급제했다. 휴정은 급제 후 금강산으로 수행을 떠나기 전까지 주지를 맡았다. 1562년에는 사명대사 유정도 급제한다. 이 두 스님은 승려로서의 삶도 대단하였지만 1592년 임진왜란 때에는 많은 승군을 조직해서 명나라군사와 함께 평양성 탈환에 큰 공을 세우는 등 혁혁한 활약을 하였다.

유정은 전쟁이 일단락된 1604년에는 일본에서 전란 때 잡혀간 3,500명의 동포를 데리고 귀국하는 놀라운 외교수완을 발휘하기도 했다. 스승 휴정이 입적했다는 소식을 듣고 오대산으로 가던 중 일본과의 강화협상에 임하라는 선조의 명을 받고 일본으로 건너가 8개월 동안 백방으로 노력한 끝에 얻은 결과였다. 그 공으로 그는 가선대부동지중추부사의 벼슬을 하사받는다. 그 뒤 병을 얻어 해인사에 있다가 1610년 8월 설법을 끝내고 결가부좌한 채 입적하였다.

「여기 한 나그네 있어 바람과 구름으로 기운을 삼고 강과 바다로 도량을 삼으며 해와 달로 눈을 삼고 봄과 가을로 호흡을 삼아 태고의 정수리를 디디고 서서 무궁한 경계를 둘러보다가 이 봉은사에 이르러…… 전각에 오르면 시원한 기운을 맛볼 수 있고 푸른 못에 다다르면 더위를 잊을 만하다. 연꽃을 구경하면 향기가 닿고 매화를 바라보면 달이 창에 오른다.」

1555년 서산대사가 봉은사에 들러 남긴 봉은사기(奉恩寺記)의 첫 대목이다. 절이 위치한 야트막한 산자락은 '마음을 닦아 도를 얻는다'는 뜻의 수도산(修道山)으로 멀리 관악산을 주산으로 하고 한강의 남쪽에 줄기를 뻗어 봉은사를 부드럽게 감싸 안고 있다. 지금은 고층건물에 둘러싸여 있지만, 60년대 초까지만 해도 뚝섬 나루터에서 졸고 있는 뱃사공을 깨워 나룻배를 타고 건너 한 오리쯤 한가로이 걸어 이르던 곳이 '뚝섬 봉은사'였다. 옛 정취는 사라졌지만, 아직도 사찰의 빼어난 경관과 향기는 많은 시민의 마음에서 마음으로 전하고 있다.

1562년(명종17)에 봉은사는 선릉의 동쪽 지금의 정릉 자리에서 수도산자락으로 옮기면서 대규모로 확장되었다. 그 이유는, 중종이 돌아가시자 장경왕후가 묻힌 희릉(지금의 고양)에 나란히 묻히셨다. 그런데 문정왕후는 자신이 나중에 중종 곁에 묻히고 싶은 마음에 중종의 능을 봉은사 터로 옮긴다. 이곳이 지금의 정릉이다.

봉은사는 굴곡진 역사와 함께하는데 임진왜란 때의 피해는 그래도 모양새는 남아있었다. 더 큰 피해는 1636년 병자호란 때였다. 당우 몇 칸만 남기고 사찰이 전소되고 말았다. 1692년(숙종18) 선정릉에 배알하러 온 숙종은 절의 모습을 보고 특별히 재물을 내려 절의 중창을 도왔다.

조선 말기, 봉은사의 역량 있는 위상을 보여 주는 사례로는 80권의 화엄경 판각 불사이다. 남호영기율사는 화엄경을 목판에 판각하고 3,479판에 이르는 경판을 보관할 수 있는 판전도 지었다. 여기에 당대의 명필 추사 김정희가 판전 현판을 써서 걸었다. 경판이 목판이라 보관하기가 수월치 않았지만 판전의 아랫부분은 온돌을 깔고 윗부분은 통풍이 잘되게 하여서 항시 적당한 온도와 습도를 유지하도록 하였다. 또한 '판전'이란 글씨는 추사가 돌아가시기 3일 전에 쓴 추사의 절필이라 하겠다. 명필이지만 어린아이와 같은 심정으로 쓴 글이라서 보는 이로 하여금 순수함을 느끼게 해준다.

'板殿'이란 큰 글자 옆에 세로로 '七十一果病中作'(칠십일과병

중작)이라는 잔글씨가 덧붙어 있다. 추사가 71세 되던 1856년, 병을 앓는 중에 썼다는 얘기다. 이때 '병을 앓는다'는 말은 단순히 몸이 아프다는 뜻만을 내포하고 있는 것은 아니다. 추사는 불가와 관련 있는 글씨를 쓰거나 승려들에게 글을 보낼 때 흔히 '병거사'(病居士)임을 자처했다. 이 말은 병을 핑계로 부처님의 제자들과 일대 토론을 전개하여 그 내용이 경전으로까지 남은『유마경』의 주인공 유마거사에 자신을 빗댄 것이다. 해동의 유마거사, 평소 추사는 자신을 그렇게 생각했고 만년에는 더욱 그러하여 생활조차 불교 속에 한층 기울어져 있었다고 한다.

'판전'은 1939년 대화재 때 유일하게 불타지 않은 건물로, 현재 봉은사에서 가장 유서 깊은 곳이다.

봉은사 입구에 있는 '진여문'을 지나면 오른편에 부도와 공덕비들이 있는데 그중에서 청호 스님이 수해구제공덕비가 눈에 들어온다. 민족의 수난사였던 시절인 1925년 을축대홍수가 났다. 자그마치 3개월 동안이나 그치지 않고 쏟아 내린 비로 인해서 산과 집들이 무너지고 가축과 사람들마저 떠내려가는 참사가 일어났다. 그 와중에 청호스님은 배를 직접 띄워 구조에 나섰는데 무려 그 수가 708명에 이르렀다. 또한 많은 수재민에게 먹을 것과 입을 것 등을 제공하는 은혜를 베풀어서 사람들은 그를 살아있는 부처라 칭송하였다. 후에 그 고마움을 기리고자 주민들은 힘을 모아 수해구제공덕비를 세웠다.

이렇게 봉은사는 살아있는 역사와 함께 1,200년을 묵묵히 우리 곁에서 함께 해왔다. 판전, 화엄경 판각 불사, 선불당 등, 수많은 서울시 유형문화재와 보물321호인 '봉은사 청동은입사향왕'이라는 향을 피우는 공양구의 일종과 '봉은사 목조석가여래삼불좌상' 등의 국가지정문화재가 있다. 미륵전 뒤편에는 국내 최대 크기 23m의 미륵 대불이 10년의 공사 끝에 1996년에 완공되어서 그 위상을 뽐내고 있다. 그 앞 광장은 신도들의 기도 장소이지만 경우에 따라서 공연장이나 문화행사장으로도 활용되고 있다. 1박 2일간의 템플스테이를 체험할 수도 있어 우리나라를 찾은 외국 여행객들의 발길이 잦으며 도심 속 휴식 공간으로 지친 현대인들에게 부처님의 법향을 느끼게 하고 자기 자신을 돌아보는 시간도 갖는 좋은 경험이 될 수 있겠다.

서울 지하철 9호선을 이용, 봉은사역에서 내리면 무료입장으로 쉽게 접근 가능하니, 굳이 멀리 나가지 않아도 되는 이곳을 찾아서 풍경소리, 바람 소리, 천년의 소리에 마음을 열고 몸도 마음도 한발자국 느리게 쉬어가면 좋은 곳이다.

조선왕릉

문화원에서 왕릉으로 역사문화유적탐방을 가는 날이다. 아침 9시 출발이다. 그 시간에 강남 한복판에서 40여 명이 만나기란 그리 쉬운 일이 아니다. 30분 정도는 늦어질 것이다 생각했는데 차는 정시에 출발한다. 나는 마음속으로 역시 강남 문화인들은 시간관념이 다르구나, 하고 고개가 끄덕여졌다.

유적지를 갈 때면 옛날에는 해설사를 모시고 다녔는데 지금은 거의 현지에 해설사들이 있어 봉사를 해준다. 해설사는 현장에 역사 선생님이다.

그날, 해설사가 홍릉갈비, 태릉갈비, 왕릉갈비, 수원갈비를 먹어보았느냐고 묻는다. 나는 순간 갈빗집 상호 앞에는 한결같이 능이 붙어있다는 것이 그제야 느껴졌다. 왜 왕릉 주변에 갈빗집들이 유명하며 그 이름 또한 하필이면 왕릉에서 따 지었을까.

조선왕조 때는 소를 함부로 잡지 못했다고 한다. 당시 경운기에 해당하던 소를 잡기 위해서는 관청의 허가를 받아야 했고 민초들은 쇠고기 요리는 꿈도 꾸지 못하는 시절이었다. 그때 허가 없이 소를 잡을 수 있는 현장이 있었으니 바로 능제(陵祭)를 지내는 왕릉 지역이었다. 능제 때 푸짐히 오른 쇠고기 덕분에 왕릉 주변 백성들은 고기 맛을 알았고 이에 따라 고기 요리도 잘할 수 있게 되었단다. 그래서 오늘날 갈빗집 간판에 조선 왕릉의 능호들이 걸리게 된 것이라고 한다. 왕릉의 역사와 갈빗집 족보가 이렇게 끈을 달자 이후 문패도 번지수도 없는 적나라한 명칭의 간판이 우후죽순 등장했는데 그 이름이 바로 왕릉갈비다.

해설사는 이처럼 조선 왕릉에 얽힌 에피소드를 설명하고 그런 것들을 통해 조선의 역사 구석구석을 알기 쉽게 설명해 준다. 왕릉을 통해 들여다본 조선 역사 이야기를 흥미롭게 경청했다.

'국상 중 미역값'이란 말에 대한 궁금증도 풀어준다.

왕이 승하하고 그 시신을 능에 안치하기까지는 보통 6개월에서 9개월이 걸렸다. 이유는 능의 조성은 물론 그에 대한 시호(諡號)도 짓고 장례 의식을 위한 물건도 준비해야 했기 때문이다. 사람은 죽으면 곧 상하기 때문에 보통 백성들은 삼일장이 예사였건만 왕은 길게는 9개월간까지 시신이 썩지 못하도록 방도를 취해야 했다. 이 방도의 일환으로 동빙고의 얼음과 미역이다. 얼음은 지금의 냉장 역할이었고 미역은 습기를 빨아들이고 그 자체에 염기가 있어 그것으로 시신을 싸면 훌륭한 방부제 구실을 하여 부패를

막을 수 있었다. 능에 안치할 때까지 그 몇 개월 동안 시신을 감쌌던 많은 미역은 시중에 은밀하게 나돌았다. 요즈음 예식장이나 장례식장에서 쓰는 화환이 재활용되는 이치일 것이다. 당시 미역은 귀하고도 비쌌는데 굶주림에 허덕이는 백성은 더러운 그 미역을 아주 헐값에 사서 먹었는데 이런 연유로 '국상 때 미역값'이라는 말이 생겨난 것이다. 그 시절 국상을 치르기 위하여 가난한 백성들이 얼마나 고생이 심하고 굶주렸음은 짐작이 간다.

이렇게 수개월의 국장 기간 동안 교체된 미역은 산더미를 이뤘고, 당연히 버려져야 할 미역은 누군가의 뒷거래로 시중에 싼값으로 팔려 국상 중 미역(값이 싸다)이라는 속담이 유래되고 있다는데 나는 이날 처음 들은 이야기다.

우리나라 조선왕릉 40기가 유네스코 지정 세계문화유산에 등재되었다. 국제기념물유적협의회(ICOMOS)가 유네스코에 제출한 조선왕릉 평가결과보고서에 조선 왕릉을 '등재 권고'로 평가했고 문화재청은 2009년 6월 22일 스페인 세비야에서 열리는 제33차 유네스코 세계유산위원회에서 승인이 났다. 이런 경사가 어디 있는가. 문화재청에 따르면 ICOMOS는 보고서에서 유교와 풍수 전통을 기반으로 한 독특한 건축과 조경 양식과 제례 의식으로 이어진 무형유산의 전통, 조선왕조 40기 전체의 통합적 보존관리 등을 높게 평가했다.

조선 왕릉은 조선 시대 27대 왕과 왕비, 사후에 추존된 왕과 왕비 무덤 42기가 남아 있으며 이 중 제릉(태조의 비 신의왕후의 능),

후릉(정종과 정안왕후의 능) 등 2기는 북한에 있다. 조선 왕릉처럼 수백 년 지속된 왕조의 무덤이 온전히 보전된 사례는 세계적으로 없다고 한다. 이밖에도 우리나라 세계문화유산(유네스코)에 등재된 것은

1995년에 3점(석굴암과 불국사, 해인사 팔만대장경, 종묘)

1997년에 2점(창덕궁, 수원화성)

2000년에 2점(경주 역사유적지구, 고창, 화순, 강화 고인돌의 유적지)

2007년에 2점(제주 화산과 용암동굴)

2009년에 1점(조선 왕릉 40기)

2010년 8월에 1점(안동하회마을과 경주 양동마을)이 한국의 역사 마을

2014년 남한산성

2015년 백제 역사유적지구

2018년 한국의 전통 산사 7곳이 세계문화유산에 등록되었다.

세계문화유산으로 등재되면 우리나라에 관광객이 늘어나고 갑작스러운 재난으로 위험에 처해 세계유산을 보유 국가가 복구할 수 없을 경우에는 유네스코가 기술과 재정을 지원하기도 한다.

조상의 묏자리에서 후손들의 길흉화복이 발원한다고 믿는 것이 우리의 풍수 사상이다. 묘 중에서도 왕릉은 당대 최고의 지관들이 터를 잡아 왕실의 번영을 기원했다. 장의는 망자가 아니라 살아있는 자의 몫이며 분묘는 조상이 아니라 후손들의 보람이다. 잘 모신 조선 왕릉은 이제 전 세계에 우리의 자랑이 되었다. 조상을 잘 모신 우리에게 이제 복이 발원되고 있는 것이리라 생각된다.

선정릉 해설

* 서울지하철 2호선 선릉역, 또는 분당선 선정릉역에서 내려 3분 정도 걸어오면 선릉(조선왕 9대 성종과 부인 정현왕후)과 정릉(11대 중종)이 있다.

* 금천교 앞에서

금천교의 의미는 궁궐의 금천교를 모방하여 왕릉에도 석조물로 축조한 다리입니다. 왕릉도 궁궐 급의 위상을 표현한 듯합니다. 능(陵) 앞을 이렇게 흐르는 개울을 흔히 높여서 어구(御溝) 또는 금천(禁川)이라 부르고 여기에 놓인 다리를 금천교라 하며, 능역의 수계가 맞닿은 홍살문 앞에 설치합니다.

금천교 안쪽은 임금의 혼령이 머무는 신성한 영역임을 나타내는 것으로 풍수지리설상 배산임수의 의미를 지니고 있지요. 산에서 흘러온 땅의 기운을 더 이상 앞으로 내려가는 걸 막아내는 역할을 합니다. 저는 이걸 요단강이라고 생각해 봅니다.

* 홍살문 앞에서

능(陵)·원(園)·묘(廟)·궁전·관아 등의 정면 입로(入路)에 세우는 이렇게 붉은 칠을 한 문을 홍살문이라고 합니다. 둥근 기둥 2개를 세우고 지붕이 없이 붉은 살을 일정한 간격으로 이어 박았죠? 이런 홍살문은 서원이나 향교 입구에도 세웁니다. 담장과 문짝이 없으므로 출입을 제한하기 위하여 세운 것이 아닙니다. 홍살문이 있는 곳에서부터 마음을 가다듬고 경건함을 갖추어야 한다는 것을 표시하는 문입니다. 홍살문은 몸이 아니라 마음이 드나드는 문이라고 말 할 수 있겠습니다.

여기 홍살문과 참도, 정자각과 능상(봉분)이 일렬로 놓여있는 모습을 보세요.

참도 옆 우측에 판위가 있습니다. 판위는 왕이 제사를 올리려 능 행차 시 능을 바라보며 절을 하는 곳입니다.

앞에 보이는 이 길이 참도입니다. 좌측 약간 높은 길이

신도(神道) - 능의 혼령이 걷는 길입니다. 우측 약간 낮은 길은

어도(御道) - 제사를 지내러 온 왕이나 제관이 걷는 길입니다.

조선 왕릉의 묘미는 단순히 신을 모시고 신을 받드는 신전이 아닌 신과 사람이 함께 교감을 할 수 있는 공간으로 만들었다는 것입니다. 우리들은 우측의 낮은 어도를 한번 함께 걸어볼까요…….

* 정자각 앞에서

다시 한번 정자각을 향해 방향을 틀면 두 개의 계단이 나타납니다.

신도로 이어지는 구름 문양이 있는 신계와 어도로 이어지는 단순 계단의 동계 (동쪽의 계단이라 해서 동계라 합니다) 혼령은 신계를, 사람은 동계를 걸어서 정자각으로 올라갑니다.

* 예감 앞에서

제사를 마친 왕이나 제관은 이 〈예감〉에서 축문을 태우게 됩니다.

예감은 소대라 부르기도 하며 축문을 태우는 곳입니다.

축문을 태운 후에는 마지막으로 산신령님께 절을 하게 됩니다.

이곳이 산신석입니다. 그러고 나서 왕릉을 한 바퀴 돌아보고 다시 궁으로 돌아가면 제례 절차가 마쳐집니다.

이제 능원으로 올라가 봅시다. 조선 왕릉이 유네스코에 등록 되기 전에는 봉분 가까이까지 직접 가 볼 수 있었는데 이젠 보호 차원에서 울타리 안에는 들어갈 수가 없습니다.

능을 자세히 보면 초계(初階). 중계(中階). 하계(下階) 3단계로 석물들이 나뉘어져 있습니다.

초계는 - 혼유석과 망주석이 위치합니다.

중계는 - 문인석과 석마가 있고 중앙에 장명등이 위치합니다.

하계는 - 무인석과 석마가 위치합니다.

봉분 주위에는 호랑이와 양의 석조물들이 바깥을 향해 빙 둘러앉아 있습니다.

봉분을 지키는 수호 역할을 한다 합니다. 그리고 봉분을 감싸고 있는 병풍석과 난간석이 보이지요? 병풍석의 그림은 조선의 미학을 그대로 나타내고 있는 듯하지요?.

선릉의 왕릉에는 12면에 병풍석을 세우고, 그 안에 동물 머리에 사람의 모습을 한 십이지신상을 새겼으며, 세조의 광릉 이후 세우지 않던 병풍석을 성종의 선릉부터 다시 세웠다죠.

이 능의 주인은 조선 9대왕 성종입니다.

성종은 유교 사상을 정착하여 왕도정치를 실현했습니다. 그리고 조선 초기의 정치기반을 조성하여 체제를 안정시켰습니다. 그러나 슬하에 28명의 자식을 두었고 주색, 카사노바, 등창과 폐결핵을 앓다가 38세에 승하하셨죠.

세조의 손자, 추존왕인 덕종의 아들입니다. 13세로 왕위에 올랐는데, 7년간 세조비 정희대비가 수렴청정을 하였죠. 숭유억불 정책을 철저히 시행,《경국대전(經國大典)》《여지승람(輿地勝覽)》《동국통감(東國通鑑)》《동문선(東文選)》《오례의(五禮儀)》《악학궤범(樂學軌範)》 등을 편찬·간행하였고 한편 윤필상(尹弼商)·허종(許琮) 등을 도원수로 삼아 두만강 방면의 여진족 올적합(兀狄合)의 소굴을 소탕하였으며 압록강 방면의 야인(野人)을 몰아냈습니다. 이 분은 학문을 좋아하였고 사예(射藝)와 서화(書畵)에도 능하였답니다. 능은 선릉(宣陵)입니다.

* 朝鮮王朝 實錄을 바탕으로 퀴즈

- 조선조 500년의 임금 27명 -

• 조선조 임금들의 평균 수명은?

⇨ "47세입니다"

• 그렇게 단명한 이유는?

⇨ "이 세상에서 가장 좋은 것들을 먹고 마시고 즐기면서 생명을 오랫동안 보존하려고 애썼지만, 그들이 그토록 보존코자 했었는데 생명은 대단히 짧았습니다. 이유인즉… 첫째, 10대 전반부터 수많은 후궁 속에서 과도하게 성생활을 했고, 정력제에 해당하는 보약을 자주 복용하여 독이 몸에 쌓였고 둘째, 일거수일투족을 다른 사람이 다 대신해줘 자신이 움직일 필요가 없어 운동이 부족했으며 셋째, 임금들의 생활은 일반인들이 생각했던 것보다 훨씬 고달팠습니다. 기상 시간은 오전 5시 전후. 하루 일과를 마치고 잠자리엔 일러야 밤 11시쯤 결국은 체력이 달렸기 때문입니다."

• 제일 단명한 임금은 뉘시오?

⇨ "예, 단종(17세)입니다."

• 그럼, 제일 장수하신 분과 재임기간은?

⇨ "영조(21대) 83세에 승하하셨는데, 51년간 재위하셨습니다."

• 장남이 왕위를 계승한 임금은?

⇨ "7명뿐입니다.(문종, 단종, 연산군, 인종, 현종, 숙종, 순종 / 26%)"

• 자녀를 가장 많이 둔 임금은?

⇨ "태종(3대) 부인 12명에서 29명(12남 17녀)의 자녀를 생산했습니다."

• 후손을 못 둔 임금은?

⇨ * 단종(6대) * 인종 12대 * 경종 20대 * 순종(27대)입니다.

• 안방 출입이 제일 잦았던 임금은?

⇨ *3대 태종 부인 12명 * 9대 성종 부인 12명, 자녀 생산 공장도 KS

• 폭정을 한 왕은?

⇨ "단연, 연산군(10대)입니다"

• 제일 현정을 베푼 임금은?

⇨ "세종"

• 조선조 임금 중에서 가장 됐다 한 임금은?

⇨ "예, 사도 세자의 아들인 정조대왕인데 태평성대를 구가 했습니다."

다음은 성종의 계비 정현왕후를 만나러 갑니다.

정현왕후 윤 씨는 성종의 세 번째 부인이며 중종의 친어머니이십니다. 성종의 후궁으로 들어가 연산군의 생모인 왕비 윤씨가 질투심이 많아 폐출되자 다음 해 11월에 왕비로 책봉되었습니다. 이후 1497년 자순대비에 봉해졌으며 1530년 68세에 돌아가셨습니다. 소생으로는 후에 중종이 되는 진성대군과 신숙공주가 있습니다.

#조선의 왕이름 시호, 묘호, 조, 종, 군, 구별은 어떻게 할까요?

조선 시대의 왕은 사후에 자신이 살았던 일생을 평가받습니다. 시호(諡號)와 묘호(廟號)가 그것이죠. 시호는 살았을 때의 공덕을 기리기 위해 올리는 칭호이고 묘호는 왕의 일생을 평가하여 정하며 종묘에서 부르는 호칭이기도 합니다. 태조, 정종, 태종, 세종 하는 등의 칭호가 묘호입니다.

묘호의 뒤에는 조(祖)와 종(宗)이 붙는데, 보통 조는 공(功)이 탁월한 왕에게 붙이고, 이에 비해 덕(德)이 출중한 왕에게는 종(宗)을 붙입니다. 따라서 창업군주에 버금가는 중흥군주에게 종이 붙습니다. 대체로 나라를 세웠거나 변란에서 백성을 구한 굵직한 업적이 있는 왕이나 피바람을 일으킨 왕들이 조가 된다고 할 수 있죠. 태조 이성계를 비롯하여 세조, 선조, 인조, 영조, 정조, 순조 등이 그에 해당합니다.

앞선 왕의 치적을 이어 덕으로 나라를 다스리며 문물을 융성하게 한 왕은 대개 종(宗)자로 부릅니다. 「창업(創業)은 조, 수성(守

成)은 종」이라 하면 외우기 쉬울 것 같습니다. 「예기」의 「공(功)이 있는 자는 조가 되고, 덕(德)이 있는 자는 종이 된다」는 데 따른 것이라고 할 수 있지요.

조선의 27왕 가운데 태조, 세조, 선조, 인조, 영조, 정조, 순조 등 7명만 조 자를 썼습니다. 죽어서 왕으로 대접받지 못한 연산군과 광해군을 제외한 나머지 왕들은 모두 종을 씁니다. 태조는 나라를 처음 세웠기 때문에 조가 붙었고 나머지 조 자 왕은 큰 국난을 극복했거나(선조, 인조), 반정을 통해 왕에 오른 경우(세조)입니다. 영조, 정조, 순조는 숨지고 바로 종을 썼지만 후에 조 자로 바뀌었습니다. 조선 후기로 갈수록 조와 종을 나누는 기준이 불투명해졌죠. 조와 종은 원래 격에서 차별 있는 것은 아니지만 조가 종보다 나은 것처럼 받아들여지는 바람에 이런 이름 바꾸기가 생긴 것으로 보입니다.

선조의 경우 처음의 묘호는 선종이었다고 합니다. 공보다는 덕이 앞선다고 평가한 것이지요. 그러나 나중에 허균과 이이첨이 주장하여 이를 선조로 바꾸었답니다. 임진왜란 때 왜구를 물리친 커다란 공이 있다는 것이 그 근거였다지요. 또 중종의 경우는 연산군을 몰아낸 큰 공이 있다는 점을 인정하여 중조로 하자는 주장이 인종에 의해 제기되기도 했답니다. 그러나 신료들의 반대로 그냥 종을 붙이는 쪽으로 결정되었답니다.

폐위된 왕에게는 군(君)이라는 호칭이 붙습니다. 왕으로서 조선 시대 유교적 질서에서 크게 벗어난 부도덕한 행위를 저지른

군주에게 붙여졌죠. 연산군과 광해군이 그들입니다. 이들은 왕의 자격을 박탈당한 군주이기에 종묘상의 묘호도 없답니다.

살았을 때와 달리 왕들에게 이런 이름을 만들어 붙이는 것은 역대 왕과 왕비의 신주를 모시는 왕실 사당 종묘에 신위를 모실 때 쓰기 위해섭니다. 이런 이름을 묘호라고 부릅니다. 조와 종으로 죽은 왕을 부르는 것은 삼국시대에 신라 무열왕이 사용했고, 고려는 태조 왕건 이후 계속 사용하다가 원의 간섭으로 쓰지 못했답니다. 조선에서만 처음부터 끝까지 이 이름법을 사용했습니다.

선릉은 동원이강릉입니다.

*동원이강에 대하여

'동원이강'이란 의미는 같은{同} 능원{原} 안에 나란한 다른{異} 두 줄기의 언덕{岡}에 왕과 왕비의 두 봉분과 상설(常設)을 별도로 설치하는 형식입니다. 이때 능원 아래쪽에 정자각(丁字閣)을 보통 두 언덕의 가운데에 하나만 설치해야 동원이강릉의 형식으로 분류합니다. 만약 정자각이 각 언덕 봉분 아래에 별도로 설치되어 있으면 아무리 가까이 있어도 별도의 단릉(單陵) 형식으로 분류되는 것입니다. 실제 조성 시기로 볼 때 7대 세조의 광릉(光陵)이 조선의 첫 동원이강의 형식으로 만들어진 능인데, 조성할 때 왕후인 정희왕후릉을 우여곡절 끝에 세조의 능 옆 언덕에 모시고 본래 세조의 능 앞에 있던 정자각을 두 언덕의 가운데로 옮겨 다시 세워 동원이강의 형식을 이루게 됩니다.

다음은 정릉으로 갑니다.

강남구에는 왕릉이 선정릉밖에 없습니다.

정릉은 성종의 둘째 아들인 11대 중종의 능입니다. 중종은 연산군의 잘못된 정치를 바로 잡고 새로운 왕도정치와 이상 정치를 실현하려고 애썼지만 당파싸움으로 무산되고 말았지요.

현재의 서삼릉 구역 내 희릉(제1계비 장경왕후 윤씨)에 처음 묻혔으나, 17년 후인 명종17년 중종의 제2계비인 문정왕후 윤씨(명종의 모후)에 의해 현재 위치로 옮겨졌습니다.

제1계비인 장경왕후의 옆에 있다가 제2계비인 문정왕후에 의해 옮겨져 홀로 쓸쓸히 자리한 중종의 능은 단종의 장릉과 태조의 건원릉과 더불어 단독으로 된 왕릉이랍니다.

어머니는 방금 지나온 정현왕후십니다. 비(妃)는 좌의정 신수근의 딸 단경왕후(일명:치마바위), 제1계비는 영돈령부사 윤여필의 딸 장경왕후, 제2계비는 영돈령부사 윤지임의 딸 문정왕후입니다. 1494년(성종 25) 진성대군에 봉해졌다가 연산군 재위기간 동안의 잇단 사화와 실정에 반감을 품은 성희안 · 박원종 · 유순정 등에 의해 연산군이 폐위된 뒤 왕으로 추대되었지요. 57세로 죽은 중종은 거머리로 등창 치료. 울화, 노환으로 사망했고요.

중종의 가계도는? 중종은 단경왕후 신씨와는 자식이 없었으며 공신들의 반대로 폐비되었고 장경왕후 윤씨와 1남(후에 인종) 1녀를 두었고 문정왕후 윤씨와 1남 4녀를 두었습니다.

아버지는 제9대 성종이고, 어머니는 성종의 계비 정현왕후 윤

씨입니다. 그래서 선정릉에는 이 세 분 가족이 함께 묻혀 계시죠. 3비와 9빈에게서 자녀 9남 11녀가 있습니다.

그러면 마지막으로 능, 원, 묘, 총은 어떻게 다를까요?

같은 무덤이라도 그 주인의 지위에 따라 무덤을 부르는 이름이 다릅니다.

능(陵)은 왕과 왕비(추존된 경우도 포함)의 무덤이며.

원(園)은 왕이나 비(妃)의 자리에 오르지 못한 임금의 부모나 왕세자 내외의 무덤입니다.

대군이나 공주. 후궁 등의 무덤은 묘(墓)지요.

왕위에 있었다 해도 폐위되어 복권치 못한 연산군이나 광해군의 무덤도 묘라 칭합니다.

무덤을 가리키는 표현 중에는 총(塚)이라는 말도 있습니다.

총은 옛 무덤 중 규모가 크지만 주인을 알 수 없는 경우에 붙이는데 발굴된 대표적인 유물 등의 이름을 따 천마총. 금관총. 무용총 등으로 부르고 있답니다.

물론 옛무덤 중에서도 지석(誌石)이 발견돼 주인이 확실해진 백제 무령왕의 무덤은 '능' 신라 김유신처럼 주인공이 분명하나 왕이 아닌 경우는 '묘' 로 부릅니다. 저의 능에 대한 해설이 도움이 되셨는지요.

강남문화해설사 김용림이었습니다.

테헤란로 풍경

강남에 테헤란로는 서울지하철 2호선 삼성역에서부터 선릉역 역삼역 강남역까지의 직선 도로 길이 4킬로미터 너비 50미터를 일컫는다. 테헤란로는 강남지역을 동서로 가로지르는 왕복 10차선 간선도로로 국제금융과 무역이 활발한 강남의 한복판이다.

이 도로명을 왜 테헤란로라고 했을까.

강남역 1번 출구로 나와 역삼역 쪽으로 조금만 걸어가면 테헤란로란 이름을 왜 지었는지 등에 관한 내용이 새겨져 있는 기념비를 발견할 수 있다.

1972년 11월 26일 서울특별시가 한양 천도 578주년을 맞아 이름 없는 시내 59개 도로에 대한 가로명을 지을 때는 테헤란로가 아니라 성종릉, 정현왕후릉, 중종릉이 있다 해서 삼릉로라 명명했다. 그러나 그 뒤 한국의 중동 진출이 한창이던 1977년 6월 17일이란의 수도 테헤란 시장의 서울 방문과 함께 테헤란시와의 자매결연을 기념하여 현재의 명칭으로 바뀌게 된 것이다.

1970년대 중반에 우리나라에서는 석유파동이 일어났다. 우리 경제가 고도성장을 거듭하던 당시 우리나라는 '1차 석유파동'을 겪으면서 크게 휘청거렸는데 이때 중동 국가와 긴밀한 협력 관계 구축에 나서게 된 것이다. 그러한 상황에서 이란과 협력 국가가 되었고 이란과의 우호를 증진한다는 외교적인 의미로 이란의 수도 테헤란의 명칭을 따서 명명한 것이다. 좀 더 구체적으로 설명하자면 1977년 6월 골람 레자 닉페이(Gholam Reza Nikpay) 테헤란 시장과 구자춘 서울특별시장이 '서울과 테헤란 길명 교환 합의서'를 작성하고 서울에 삼릉로는 '테헤란로'로, 이란에 테헤란의 바낙스트리트는 '서울스트리트'로 개명하기로 합의하였던 것이다. 테헤란 북부 국제전시장 인근 '바낙 스트리트' 북단에서 북쪽 방향으로 '닥터 참란' 고속도로 교차점까지 3킬로미터 구간으로 현대식 건물이 즐비하고 도로 주변의 경관이 좋다고 한다.

이란은 호메이니가 정권을 잡기 전까지 팔레비 국왕 밑에서 중동의 제일가는 부자나라로 석유자원을 바탕으로 한창 부를 누리고 살고 있었으며 이슬람 국가에서는 제일 개방적이어서 70년대 말에는 여자들이 미니스커트를 입고 다녀도 무방할 정도로 상당히 활달히 잘 나가는 나라였고 그때 우리나라는 그네들보다 많이 못 살았고 그래서 중동으로 우리의 노무자들이 꿈을 싣고 그 더운 사막에서 열심히 일을 해 돈을 벌어왔다.

호메이니가 이슬람 회교 공화국 "ISLAMIC REPUBLIC OF IRAN"을 만들고 팔레비를 미국으로 내쫓고 다시 여자들에게는 차도르를 입히고 사회주의로 복귀하고 이라크와 7년의 기나긴 전쟁으로 이란 내의 온 기강산업이 초토화되어 이제는 거꾸로 이란의 젊은 사람들이 한국으로 와서 일하는 신세로 전락이 되어 버렸다.

대통령 위에 이슬람 지도자가 권세를 휘두르는 나라. 그 많은 자원 석유가 생산량 세계 4위에 있어도 아직 그 석유를 팔아 제대로 쓰지도 못하는 그런 나라에 비교하면 우리나라는 경제성장이 빨라 참 잘 사는 나라가 되었다.

교역량과 시장의 중요성, 기술 수출과 기업의 진출 부분을 간과할 수 없는 중요한 국가, 이란도 그런 국가들 중 하나였다. 1960년대 첫 수교 후 우리는 이란으로부터 막대한 양의 석유를 수입하고 있는 중요 교역국 중 하나였다.

우리나라와 이란과는 아주 오래전부터 인연이 깊은 것 같다.

'별을 보고 점을 치는 페르샤 왕자'란 노래가 한참 유행하던 때가 있었다.

> 눈 감으면 찾아 드는 검은 그림자, 가슴에다 불을 놓고 재를 뿌리는
> 아라비아 공주는 꿈속의 공주, 아라비아 공주는 마법사 공주.

페르샤는 지금의 이란을 말한다. 그러니까 페르샤 왕자와 우리나라는 아주 특별한 사연이 있었다. 노래 '페르샤 왕자'가 역사에

근거해서 만들어진 것인지는 확실치 않지만 예전에 어느 페르샤 왕자가 한국에서 멋지게 놀았던 흔적이 있다고 한다.

이란의 단군신화라 할 수 있는 "쿠쉬나메(Kush Nama)" 서사시에 쓰여진 신화이기도 하고 한편 역사이기도 한 것이다.

멸망한 페르샤 마지막 왕자 아비틴(Abtin)이 중국을 거쳐 신라로 망명한다. 아비탄은 세상에서 가장 예쁜 신라왕 테후르(Tayhur)의 딸인 신라공주 프라랑(Frarang)과 혼인을 하게 된다. 양국은 신라-페르샤 연합군을 결성해서 침략해온 중국군대를 크게 무찔렀고 그 여세를 몰아 중국 대륙까지 진출하게 된다. 왕자와 공주 부부는 아이를 임신한다. 그 와중에 망국의 페르샤 왕자의 꿈에 빨리 조국에 가서 아랍 정복자들을 무찌르고 나라를 바로 세우라는 계시가 나타난다. 부부는 아이를 임신한 채로 이란으로 달려가 왕자는 독립투쟁 중에 그만 사망한다. 그러나 부부 사이에는 혼혈왕자인 페리둔이라는 영웅이 태어난다. 이 아이가 자라 결국 아랍 폭정자 자하크를 무찌르게 된다는 이야기이다.

경주에서 발견되는 페르샤계 유물과 서역인의 모습을 한 무인석을 통해 페르샤와 신라의 교류 가능성을 추정해 볼 수 있으며 "쿠쉬나메"는 단순히 서사문학을 넘어 사료로서의 가치를 지니고 있다는 게 공통된 의견이라고 한다.

페르샤왕자와 신라공주는 그렇게 연인관계였으니 분명 우리 삼릉로가 테헤란로로 개명하게 된 것도 보통 인연은 아니리라 생각이 든다.

나는 테헤란로를 자주 걷는다. 그 많은 빌딩 숲, 차량 숲 인파 숲에서 어디서 본 듯한 얼굴들을 만나기도 한다. 누구지? 하고 한참 생각하다 보면 아 송중기, TV에 자주 나오는 연예인이다.

언젠가는 월등하게 키가 큰 남자가 웃기는 가면을 쓰고 걸어오고 있었다. 알고 보니 뭇사람들의 시선을 집중시켜 돋보이려 함이었다. 곁에 가서 보니 외국인이었다.

'추억의 테헤란로'란 노래도 있다.

'피우지 못한 그 사랑 꽃잎을 접어둔 채로 비 오던 밤에 우리는 서로 눈물로 헤어진 뒤……. 오늘도 터벅터벅 홀로 걷는 테헤란로 아~ 추억의 테헤란로'

어쩌면 덕수궁의 돌담길처럼 이 길 테헤란로는 노랫말처럼 또 다른 화려한 연인들의 거리인가보다.

20여 년 전만 해도 비포장인 도로에 주위엔 높은 빌딩이라고는 한 채도 없었고 길옆에는 벽돌공장, 테니스코트 같은 것들이나 자동차운전면허 학원 정도가 들어서 있는 한적한 거리였는데 1995년을 전후해서 다양한 소프트웨어 및 정보통신 벤처기업이 많이 입주했고 주변에 르네상스서울호텔 · 인터콘티넨탈 호텔 · 한국종합무역센터·현대백화점 등 고층빌딩과 은행이 밀집해 있으며, 진선여자중고등학교 · 휘문중고등학교 등의 교육기관과 여러 병원 등의 의료기관, 국기원 · 필리핀대사관 · 강남경찰서 · 강남소방서 · 한국감정원 등의 공공기관이 즐비하다.

이젠 강남스타일이란 노래와 함께 강남구가 국제적인 도시가 되었고 그 중심에 있는 테헤란로는 경제의 거리 문화의 거리로 우리나라 사람들뿐만 아니라 외국인들도 누구나 한 번쯤 걸어보고싶은 테헤란로가 되어있다.

앞으로 강남 영동대로 밑으로 대형 '지하도시'가 만들어진다. 삼성역에서 봉은사역 사이 영동대로 밑으로 코엑스 상업몰 현대차 통합신사옥(GBC) 등과 지하로 이어지면 잠실야구장의 30배, 63빌딩의 2.5배 규모의 초대형 복합상권이 탄생할 전망이다. 2022년 준공목표로 국내 지하 공간 개발 역사상 최대규모 사업, 상업·공공문화시설, 통합역사, 버스환승센터, 도심공항터미널, 주차장 등을 지하 6층 규모로 구축한다는 계획이다. 영동대로 지하 통합개발이 완성되면 이 일대가 서울을 대표하는 초대형 상권으로 탈바꿈할 것으로 기대된다.

제일호산第一湖山
풍영정

김정호가 제일호산(第一湖山)이라 칭했다는 풍영정, 흔히 정자라 부르는 것으로 경관이 좋은 곳에 휴식과 연회용으로 쓰기 위해 지은 경복궁 향원정 같은 곳이다.

광주광역시 광산구 신창동에 지어진 풍영정은 호남의 대표적인 정자 중의 하나이며 광산김씨 문중 소유로 정면 3칸, 측면 2칸의 팔작지붕으로 건축되었다. 1560년, 명종 15년에 승문원 판교를 끝으로 관직을 물러나 고향으로 돌아온 칠계 김언거(金彦据 1503~1584)의 낙향 소식을 들은 마을 사람들은 그의 인덕과 덕망을 높이 여겨 김언거를 위한 정자 12채가량을 지어 주었다 한다. 그러나 임진왜란 때 11채의 정각이 불에 타 버리고 지금은 '풍영정' 1채만 남아있다.

수십 개의 돌계단을 딛고 풍영정에 서면 바로 앞으로 극락강이 흐르고 멀리 무등산 자락이 펼쳐진다. 극락강에는 길게 철교가 걸려있고 열차가 수시로 강을 건너고 있다. 나는 고등학교 때 그 기차를 타고 등하교 시 하루 두 번씩 그림같이 아름답던 이 풍영정을 바라다보며 다녔다. 풍영정은 인근에 있는 초중고 봄가을 단골 소풍 장소이기도 했다.

극락강(極樂江), 풍영정 아래를 흐르는, 폭이 지금보다 훨씬 넓고 수심마저 깊었던 시절에는 정자 아래에 나루터까지 가설돼 있어 더욱 유명했다. 이 나루터는 강물이 불 때는 나룻배를 띄우고 수심이 얕아지는 갈수기엔 다리를 놓는 식으로 운영됐다. 수심이 깊을 때는 멀리 영산포에서 소금을 실은 배가 이곳까지 오기도 했단다. 그 시기에는 극락강 주변으로 갈대와 군데군데 습지들과 너른 벌판과 작은 야산, 버드나무 숲과 황포돛배, 모래사장이 아름답게 펼쳐져 있었다. 지금은 강물도 줄어들고 강폭도 줄어들어 아름다운 풍경은 많이 사라졌다.

'풍영'은 논어에 나오는 글로 자연을 즐기며 시가를 읊조린다는 뜻이다. 풍영정에는 조선 최고의 명필 한석봉이 '제일호산' 이라고 쓴 현판이 걸려있고, 하서 김인후, 신제 주세붕, 미암 유희춘, 한음 이덕형, 면앙정 송순, 제봉 고경명, 미암 유희춘, 석천 임억령, 이황, 기대승, 계곡 장유 등 조선의 대표적인 선비들의 시문 60수가 빼곡히 걸려있다.

이처럼 당대의 명유와 소인묵객(騷人墨客)들이 풍영정을 출입했고 정자 마루엔 먹물이 마를 새가 없었다. 풍영정의 명성이 어떠했는지 정자 안에 걸린 이 편액들에서 알 수 있다. 이런 데에는 이 정자의 위치와 주변 풍광이 한몫했다. 이곳에서 김언거가 죽을 때까지 10여 년간의 선비들과의 교우와 생활에 짐작이 간다. 이곳에는 전설이 있다.

옛날에 극락강변에 살고 있던 양반집 처녀가 극락강을 오르내리며 소금을 팔던 강원도 총각과 사랑하는 사이가 되었다. 해마다 늦여름에 와서 극락강 나루에서 소금을 싣고 다시 길을 떠나곤 했는데 이 둘은 견우와 직녀처럼 일 년에 단 한 번씩 남의 눈을 피해 아름답게 사랑을 나누었다. 죽어도 서로 헤어지지 않기로 맹세할 만큼 절절한 사이였다. 하지만 양갓집 규수와 뜨내기 소금장수와의 결합이 가당치 않았다. 그러던 중 무슨 연고인지 3년 동안 소금장수 총각의 종적이 뚝 끊어졌다. 그 뜨겁던 사랑도 총각의 소식이 끊기자 처녀는 출가하여 스님이 되었다. 총각이 이듬해에 소금 배를 젓고 이곳을 찾아왔으나 처녀를 만나지 못하고 돌아갔고 여승은 밤마다 언덕 위의 정각에 올라 총각이 배를 저어 지나간 극락강을 바라보며 한숨과 눈물로 나날을 보내다가 이내 이승을 뜨고 말았다. 이후 그녀가 서 있던 그 자리에 한그루 괴목이 북쪽(강원도 쪽)을 향해 자라 강물을 덮었다고 한다.

슬프기도 하고 한편으론 너무 흔한 이야기이지만 처녀가 죽어 괴목이 되었다는 곳이 풍영정이고 처녀가 죽은 자리에 자라난 나무가 지금도 자라고 있다. 이 사실을 떠나 예전에는 이곳 극락강까지 소금 배가 들어왔었던 것은 사실이다. 그러다 보니 외지 사람들과 얽힌 이야기들이 많았을 것이다. 풍영정은 이러한 애절한 전설을 안은 채 극락강 옆 언덕에 서 있다. 극락강이라는 이름조차도 여기서 바라보는 풍경이 이승의 것이 아닌 극락의 모습이라는 소인묵객(騷人墨客)들의 비유어에서 유래했다니 예전에는 풍광이 어떠했을지 쉬 짐작이 간다.

풍영정에는 이황과 기대승의 또 다른 아름다운 전설이 남아 있다. '속세가 소란하여 쉴 수가 없었더니 가슴속에 많은 걱정이 차곡차곡 쌓였어라'고 퇴계는 풍영정에서 시를 남겼고 '산을 좋아하는 나그네가 쉴 새 없이 노닐면서 우연히 선창에 이르니 모든 근심이 사라졌다'고 기대승은 각각 시를 남겼다. 58세의 성균관 대사성 퇴계와 32세의 과거에 갓 급제한 고봉은 25살의 나이를 뛰어넘어 1558년부터 13년 동안 사칠 논변에 관한 편지를 주고받았다. 사칠 논변은 인간이 지닌 네 가지 선한 단서와 일곱 가지 감정을 말한다. '사단'은 측은지심 (불쌍하게 여기는 마음) 수오지심 (부끄러워하는 마음) 사양지심(사양하는 마음) 시비지심(시비를 가리는 마음)을 말한다. '칠정'은 인간의 본성이 표현되는 희(기쁨) 노(노여움) 애(슬픔) 락(두려움) 애(사랑) 오(미움) 욕(욕망)을 말한다.

풍영정에서 가까운 곳이 고향이었던 기대승은 사마 시와 알성시에 합격했으나 척신 윤형원의 방해로 낙방했다. 다시 문과에 급제하여 벼슬길에 올라 성균관 대사성을 지내다가 벼슬을 그만두고 고향으로 돌아가던 중에 병으로 죽었다. 정운룡, 고경명,

최경회, 최시망 등 후학을 양성했고 그는 고향인 광주 월봉서원에 제향 되었다.

풍영정 글씨에 대한 일화도 있다. 당시 주변에는 지금의 풍영정을 중심 정자로 하고 뒤로 이어진 봉우리들을 따라 마치 징검다리처럼 11채가 더 있었다고 한다. 임란 때 왜인들이 다른 채에 다 불을 지르고 마지막으로 풍영정에 불을 던지려던 찰나 현판에 새겨진 풍자가 오리로 변해 극락강 쪽으로 날아갔다. 이를 기이하게 여긴 왜인 대장이 서둘러 불을 끄라고 하였다는 것이다. 그래서 12개의 정자 중 풍영정 하나만 남았다는 얘기다. 또 그때 오리가 되어 날아가 버린 '풍'자는 후대에 다시 써넣었는데, 이로 인해 다른 두 글자와 약간 다르다는 것이다.

지금, 풍영정 아래로는 예전처럼 여전히 극락강이 흐르고 그 위로는 철교가 걸려 있다. 풍영정에서 내려다보는 강 건너는 광주역으로 가는 길이고 건너오는 길은 극락강역에 닿는다. 극락강역은 국내에서 유일하게 KTX조차도 바로 지나지 못하고 쉬었다가 다른 열차를 비켜 가는 곳이다. 풍영정 앞을 흐르는 극락강은 영산강 살리기 사업의 영산강 8경 중 7경으로 지정되었다.

사방으로 고가도로가 생기고 논밭은 건물들이 들어서 도시화되어버렸지만 지금도 남쪽으로는 유덕동의 도톰한 언덕인 덕산(德山)에 오래된 당산나무 두 그루가 보인다. 하서 김인후가 "정자 앞머리 큰 들 가운데로 오리쯤 떨어져 작고 외딴 봉우리가 있네"라고 묘사했던 그 산을 말한다. 동쪽으로는 흔히들 석산(石

山)이라 부르는 동림동의 대마산(大馬山)이 있다. 언젠가 회재 박광옥이 옛적 견훤이 왕건의 군대와 맞서 싸우다가 가까스로 포위를 풀었다고 한 곳이 바로 이 산이었을 것이다. 옛날 우리 집 뒷산에 서면 저 멀리 덕산에 당산나무와 대마산 중턱에 있던 절집이 보였다. 이젠 우리 집도 뒷산도 이미 고층아파트가 들어선 지 오래되었다.

백마고지

북한의 핵 개발과 미사일 발사 등으로 사드 배치에 대해 시끄럽다. 이런 때일수록 우리들의 마음에 환기가 필요하다. 특히 여행은 기분전환도 되고 마음도 맑아진다. 오늘 나는 철원으로 떠난다.

길 양옆으로 빨간색의 세모 깃대에 지뢰, 지뢰라고 씌어있다. 군데군데 초소 앞에는 발목지뢰 대인지뢰 대전차지뢰가 견본으로 진열되어 있다. 발목만 부러지는 조그마한 지뢰, 어른의 몸무게 정도가 밟으면 터지는 지뢰, 대전차가 지나가야 터지는 지뢰. 간담이 서늘하다.

철원지역을 우리 인체에 비유한다면 배꼽 부분이라고 한다. 이곳에 '백마고지'가 있다. 395고지라고도 한다. 그 유명한 백마고지 전투에 참가했던 사람들이 아직은 살아있어 우리는 생생하게 증언을 듣고 있다.

우리 큰 오빠도 카투사 소속으로 이곳에서 싸웠다. 2018년 지금 살아 계신다면 88세다. 미 2사단 복무 당시 함께 총 들고 싸우던 미군 소대장이 총상을 입어 적군의 총알이 빗발치는 곳에서 움직이지 못하고 있었다. 다급한 아군들은 이미 모두 후퇴해버렸지만, 오빠는 뒤돌아 총알 사이를 비집고 다시 들어가 그 미군을 구출해 나왔다. 그 미군은 휠체어에 의지, 치료차 본국으로 후송되어 갔는데 소식이 없는 걸 보니 아마도 사망했을 것 같다고 했다. 우리 오빠도 39세에 돌아가셔서 무공훈장과 함께 묻혔다.

1952년 10월 6일부터 10월 15일까지 10일간. 철원 북방 395고지를 방어하고 있던 한국군 제9 보병사단이 중공군 제38군의 공격을 받고 치른 혈전은 3년여의 전쟁기간 중에 가장 치열했다. 결국 한국군이 승전의 깃발을 꽂음으로써 끝났으나 사상자는 한국군 3,500여 명, 중공군은 1만여 명이 넘었다. 전투 결과 산의 형태가 사실상 민둥산이 되어버림은 물론 고지의 해발까지 낮아졌는데 하늘에서 비행기로 내려다보니 집중 포격을 맞았던 이 산이, 마치 누워있는 백마처럼 보여 이후 '백마고지'로 불리게 되었다고 한다.

한국전쟁 전까지만 해도 철원에는 2만여 명의 사람들이 살았다. 그러나 하루아침에 초토화되어버려 시가지뿐만이 아니라 백마고지에 30만 발이나 되는 포탄이 작렬해 삽슬봉이 3미터나 깎여 나가버렸다.

52년 5월 말에 김종오 장군이 9사단에 부임해와 10월 전투에선 전사자의 군번줄이 한 트럭 분씩 나왔다고 한다. 사태가 점점 악화되어만 가고 있을 때 30연대 1대대 1중대의 유일하게 살아남은 강승우 소위는 오귀봉, 안영권 두 병장에게 "돌진하자"며 지형상, 포병 및 공군 화력으로 도저히 제압할 수 없는 중공군의 진지에 수류탄 다발을 안고 진지로 들어갔다. 요즘 말하는 자살폭탄이었다. 중대원들이 3 용사의 행방을 찾아냈을 때 온몸에 기관총탄이 박힌 채 산화한 후였다. 이로 인해 국군이 백마고지를 탈환하는 데 절대적으로 기여했고 이들은 오늘날 백마고지 3 군신(軍神)으로 추앙받고 기념비 옆에 동상으로도 세워져 있었다.

그러나 아직도 전쟁은 끝나지 않았다. 1975년에 발견된 제2의 땅굴로 1시간에 3만 명의 중무장한 병력과 탱크까지도 이동이 가능하다 한다. 땅굴 속은 마치 냉장실 같았다. 굴을 팔 때 화강암에 다이너마이트 장전공의 방향이 북에서 남쪽으로 되어 있어 북의 소행이 확실했다. 제4 땅굴까지 있다 한다. 제2땅굴이 발견될 당시 땅굴 내 잔적소탕작전을 하면서 장교 1명이 중상을 입고 사병 8명이 적이 설치한 지뢰와 가스로 말미암아 사망하는 사고도 겪어 입구에 비석을 세워놓았다.

밭에는 새파란 콩잎, 고추가, 논에는 진초록의 벼가, 하늘에는 새하얀 백로 떼들이 조화를 이뤄 매우 평화롭다. 우리 인간도 이런 동식물처럼 평화롭게 살아갈 수는 없는 것일까. 2018년, 지금 김정은 국무위원장과 트럼프 대통령, 문재인 대통령은 전 세계인의 주목을 받으며 평화협정을 대화 중이다. 과연 우리 한반도에 종전선언은 이루어질는지?

동해안 최북단

가을이 끝나가는 10월 27일, 동해안 최북단인 강원도 관광길에 나섰다. 강원도 고성과 화천은 대한민국에서 산소가 가장 청정한 지역으로 알려져 있는 곳이다. 이곳 주민들은 물 또한 일급수가 아니라 특급수라 칭한다. 달빛도 청정구역이고 파리 모기들조차 무공해라며 자랑한다.

고성은 우리나라 안에서 유일하게 도(道), 군(郡)이 남북으로 갈려있는 지역이다. 그래서 고성에 오면 꼭 둘러봐야 할 곳은 통일전망대일 것이다. 통일전망대는 동해안 최북단, 해발 70미터 고지 위에 위치해 있다. 이날은 날씨가 맑아 휴전선 멀리 구선봉과 신선 옥녀 채하일출 집선봉 천하절경의 금강산까지 보인다. 아래에 조국분단의 현실을 직접 볼 수 있는 비무장지대와 철책선, 남북에 걸쳐있는 텅 빈 금강산 육로관광길도 보인다. 이름은 비무장지대인데 땅속은 지뢰매설밀도가 세계 1위다. 여기서부터 휴전선 철책은 서해안 교동도까지 폭 4킬로미터, 길이 155마일에 걸쳐 만들어져 있다.

2004년에 개통된 동해선은 남북연결도로로 가는 금강산 육로 관광길이다. 관광객의 행렬을 바라보며 다가올 벅찬 미래를 꿈꾸던 곳, 남북통일을 염원하던 곳이다. 정주영 회장에 얽힌 소떼 방북 이야기가 있는 곳이다.

1998년 1차 소떼 방북이 시작되어 4차가 2003년 10월 27일 날씨 쾌청한 바로 오늘이었다. 1001마리의 소를 북한에 보냈다. 역사상 초유의 특이한 이벤트였던 '소떼'의 방북으로 인해 꽉 막혔던 남북교류에 물꼬가 트이고 금강산 관광도 가능해졌다는 데에 우리 국민들 모두는 한창 들떠있었다. 즉, 북한에 보낸 소떼는 단순한 경제 협력이 아니라 50년 분단된 한반도의 허리를 이은 셈이었다. 그 소떼로 인해 남북 간 육로와 해로가 열렸고, 당시 언론들은 방북 소떼를 '통일소'라고 하면서 그 의의를 크게 평가했다. 이 사건은 미국 CNN을 통해 세계에 생중계되어 정주영은 물론 현대의 기업 이미지를 높이는 데도 큰 기여를 하였다.

민주평통 사이트에는 소떼 방북의 사연에 대해 다음과 같은 내용이 있다.

'1998년 6월 16일 정주영 현대그룹 명예회장은 북한에 제공할 소 5백 마리를 실은 트럭과 함께 판문점을 통해 방북하였다. 어릴 적 자기 아버지가 소 한 마리를 판값 70원을 가지고 청운의 꿈을 안고 무작정 상경했던 정 회장은 그 한 마리 소를 1천 마리 소로 불려 그 빚을 갚으러 귀향길에 올랐던 것이다. 정 회장은 이날 판문점 평화의 집에서 가진 기자회견에서 "이번 방문이 단지 한 개인의 고향 방문이 아니라 부디 남북의 화해와 평화를 이루는 환경의 초석이 되길 진심으로 기원한다."고 말했다.

두 번째 방문 때에는 현대가 생산한 승용차 20대를 연불수출 형식으로 북측에 전달하기도 했다. 그리고 북측의 인사들과 금강산관광 사업 등 각종 경협사업에 대해 협의하였다.

세 번째 방북 때는 정몽헌과 김윤규 현대건설 사장 등이 방북하였다. 이 방북에는 소떼 외에 평양 종합체육관 공사용 콘크리트 믹서 트럭 2대와 합판·철근 등도 지원되었다. 그리고 네 번째 소떼는 정주영체육관 개관식 참석을 위한 방북단과 함께 분단 이후 처음으로 경의선 육로를 통해 북측에 지원된 것이다.

이젠 정주영도, 정몽헌도 저세상으로 가버렸다. 1910년 일제강점기 시작의 이전까지만 해도 지금의 분단시대가 올 줄 몰랐을 텐데. 우리 국민은 외침의 후유증을 언제까지 앓아야 하나. 해금강이 불과 5킬로미터 앞에 있는데.

전망대를 뒤로하고 동해안 최고의 휴양지인 화진포로 발길을 돌렸다. 화진포란, 호숫가에 해당화가 만발해 붙여진 이름이었다. 동해안에서 가장 넓고 큰 자연호수로 가을이면 갈대밭과 코스모스 위에 수천 마리의 철새, 겨울엔 천연기념물인 고니, 청둥오리 등이 머무는 철새도래지이기도 하다. 울창한 소나무 숲으로 둘러싸여 주변 환경이 빼어나 드라마 '가을동화' 촬영장소로 유명해져 관광 코스로도 각광을 받고 있다.

주변에, 근대정치가들의 별장을 개보수해 그들의 유품과 자료전시로 근대 정치사의 이면을 한눈에 볼 수 있게 만들어 나의 눈길을 끌었다. 이승만 대통령 화진포기념관. 별장, 바로 뒤에 새로 지은 기념관이 있다. 그곳에 업적 등 일대기, 친필 휘호, 의복과 소품, 관련 도서 등, 침실과 거실 집무실 평소에 끼던 안경, 여권, 세로로 쓴 편지를 진열해 놓았고 무궁화 꽃 색깔의 연보라색 한복을 곱게 차려입고 있는 프란체스카 여사의 모습이 인상적이었다.

화진포의 성 김일성별장은 김일성이 하계휴양지로 사용하던 곳을 복원하여 내부까지 관람할 수 있었다. 6살 때의 김정일이 소련 레베제프 소장 아들과 함께 별장 계단에서 찍은 빛바랜 사진이 바로 그 계단에 진열되어 있었다. 통일되어 김정일 후손들이 이곳에 와 그 계단에 서 본다면 얼마나 감회가 새로울 텐데. 별장 앞으로 펼쳐진 동해 물은 맑고 푸르렀다.

휴전 후 부통령이었던 이기붕 별장도 있다. 이기붕을 기억하고 있는 나는 이기붕의 체취가 조금이라도 남아있을 것 같은 그곳이 참 반가웠다. 이기붕과 그의 처 박마리아가 개인 별장으로 사용하였던 곳은 생각보다 아주 작은집이었다. 별장 뒤 송림이 우거져 포근한 느낌을 받았다. 한때 화려했던 정치력과 국민들의 지탄에 온 가족이 자살로 인생을 마감하게 되었던 그 당시 정치적 배경을 조금이나마 엿볼 수 있는 흥미로운 곳이었다. 허무하고 허망한 인생길에 문득 '이것 또한 지나갈 것이다' 란 유명한 글귀가 머릿속에 스쳐 생각났다.

바닷물이 깨끗하고 수심이 얕아 해수욕장으로 최적지라는 화진포해수욕장은 조용했다. 수만 년 동안 조개껍질과 바위가 부서져 만들어진 모나즈 성분의 모래는 밟으면 소리가 나고 개미가 살지 않는 것이 특징이라고도 한다. 옛날에 이곳은 정치적 인사들이 잠깐 심신을 휴양하던 활기차던 곳이었을 텐데 이젠 사진으로만 그 흔적이 남아있을 뿐이다.

여러 번 다녀왔었지만, 기왕 나선 김에 금강산 끝자락 대가람터에 건봉사까지 갔다. 설악산 신흥사, 백담사 등 9개 말사(末事)를 거느렸던 한국 4대 사찰 중 한 곳으로 신라 법흥왕 때 지어진 오래된 사찰이다. 임진왜란 때 사명대사에 의한 승병 봉기처이기도 했던 호국사적지로서 '의승병기념관'이 있다. 신라 자장율사가 당에서 가져온 부처님의 진신 치아 사리와 무지개 모양의 능파교, 그 양쪽에 바라밀 문양의 돌기둥, 불이문, 사명대사 동상 등 문화재가 옛 건봉사 터에 남아있다.

눈을 충족시키고 나니 금강산도 식후경이라고 배를 채워야 했다. 밥상에 털게찜이 나왔다. 처음 먹어보는 털게는 이곳의 음식으로 앞으로 잊을 수 없을 것 같다.

동해안 '금강산호텔'에서 하룻밤 묵기로 했다. 호텔 유리 창밖 10월의 밤바다는 생명력이 넘쳐흐르고 있었다. 끊임없이 휘휘 거리며 부딪히는 파도 소리는 괴기스럽기까지 했지만 새벽 햇살에 조용히 물러나고 호텔에서만 걸어서 갈 수 있는 앞바다에 조그만 섬은 산책길로 훌륭했다. 꼭대기 정상에 큰 소나무에는 누군가 소원을 빌고 간 흔적들이 남아있다. 나도 무언가 한 가지 소원을 빌어볼까 하다가 이방인의 소원까지 들어주려면 소나무님이 피곤할까 봐 그냥 돌아섰다.

밤새 부대꼈던 바윗돌을 열심히 건너뛰는데 뒤에서 지인이 "호텔에서 해봤어?" 한다. 아니, 남자가 여자한테 아침부터 호텔에서 해봤냐고? 야한 농담을 하다니. 알고 보니 호텔 방안에서 떠오르는 일출을 감상했느냐는 농담 아닌 농담이었다.

화성과 다산

6월 2일의 수원, 날씨는 맑고 좋았다. 맨 먼저 발 닿은 곳은 화성(華城)의 팔달문이다. 수원 이웃에 바로 화성시가 있어 나는 잠시 혼동되곤 한다. 즉 행정구역의 화성이 따로 있고 역사적 유적과 문화유산으로서의 화성(성곽)이 따로 있어서다. 이곳 수원시민들은 무료인데 나 같은 외지인에게는 입장료를 받는다.

해설하시는 현지 고등학교 선생님이 화성성곽에 대해 말한다. "동문은 도망가고 서문은 서 있고 남문은 남아있고 북문은 부서지고……." 말 그대로였다고 한다. 북문 이름이 '장안문'인데 한국전쟁 때 미군의 폭격을 맞아 부서졌단다. 나중에 정약용이 만들어놓은 의궤를 보고 그대로 축조했다고 한다.

산성과 읍성을 겸하고 있는 성곽의 둘레 5.5킬로미터에 50여개의 시설이 있다. 치와 보루의 다른 점, 돌담과 벽돌담의 다른 점 등을 정확하게 알았다. 2년 9개월 만에 완성되었다 하니 아무래도 정약용이 발명한 거중기 덕분이 아닌가 생각된다. 동서남북에 깃발이 꽂혀있다. 그런데 색깔들이 다르다. 동쪽은 청색, 서는 백색, 남은 빨강, 북은 검정, 가운데는 임금이 계시기 때문에 황금색인 노랑이란다. 이는 당시 군인들의 소속을 나타낸 표식이기도 하고 제일 높은 곳에서 무슨 색깔을 표시하는지에 따라 어느 쪽에 내려지는 명령인지를 인지한단다. 이것을 오방색이라고 한다. 우리 일행은 빨강 기가 나부끼는 남쪽 팔달문에서부터 출발하여 계단을 타고 올라간다. 나는 자주 가는 남한산성이 연상되기도 했다.

당시 설계도인 의궤에는 둘레 4600보,라 했다. 그때의 1보는 두 걸음(120센티)이었단다. 군데군데 전쟁 때 총알 자국, 포 자국이 아직도 남아있다. 그래서 보수한 곳이 많았다. 성 낮은 곳에는 암문이 5개 있다. 전시에 돌을 제치고 그 길로 식량이나 무기 같은 것들을 들이는 비상구 역할을 했다고 한다. 꼭 보존해야 할 유적이다.

성곽은 석재와 벽돌로 축조되었다. 돌보다 벽돌이 눈비에 더 강하다고 한다.

장대, 포루, 각루처럼 높은 데서 내려다보는 건물에는 뺑 둘러 도깨비 얼굴이 그려져 있다. 자세히 보면 코와 콧구멍 부분을 파놓아 안에서 화살을 쏠 수 있게 만들어져 있다. 그러니까 밖에서 보면 도깨비 얼굴이지만 안에서는 화살 구멍인 것이다.

옛날 1원짜리 지폐에 그려져 있다는 화홍문(북수문)은 수원천의 북쪽에 건설되어 있다. 수원화성의 특징 중 하나가 개천 위를 가로질러 축성되었다는 것이다. 수원천의 남쪽엔 남수문이 건설되었으나 1922년 대홍수 때 유실되어 없어지고 현재는 그 흔적만 남아있다고 한다. 수원 화성에서 가장 아름다운 시설물을 묻는다면 단연 이 화홍문이란 대답이 나온단다. 7개의 무지개문을 직접 들어가 보았다. 가물어서 물줄기가 시원찮다. 위로 올라가 마루에 앉으니 바람에 시원하다. 아예 누워 잠들어 있는 사람들도 보인다.

정약용연구회의 이름으로 갔는데 내 머릿속에 수원은 정조(正祖)의 효행(孝行)이 곳곳에 배어있다. 정조의 할아버지인 영조, 그의 계비였던 정순왕후 김씨의 친정아버지 김한구는 그 일파인 홍계희, 윤급 등과 모의를 하여 윤급의 종인 나경언으로 하여금 세자의 비행 10조목을 적어 상소하도록 사주한다. 오직 간신들의 감언이설만 듣던 영조는 세자가 자신을 쫓아내고 왕이 되려 한다는 생각에 크게 분노하여 세자를 죽이기로 결심한다. 세자를 휘령전으로 불러 자결하라고 명을 내린다. 이에 사도세자 선은 부왕의 명을 거부하면서 눈물로 자신의 결백함을 아뢴다. 영조는 비정하게도 세자의 말을 믿지 않는다. 성격이 과격하고 급하던 영조는 아들에게 배신당했다는 순간적인 분노로 인해 아들을 사사시키거나 참수형을 시키지 않고 더 괴롭게 죽이는 방법으로 뒤주를 선택한다. 뒤주라는 혼자 있기조차 어려운 좁고 어두운 공간에 가두어져 세자는 아사 되었다. 이때 사도세자 나이 28

세였으니 너무나도 안타깝다. 영조의 생각으론 시간이 지남에 따라 아들이 오랫동안 자기 죄에 대하여 깊이 뉘우치라는 의미로써 뒤주라는 것을 선택한 것이었다.

영조는 세자를 뒤주 속에 넣고 손수 열쇠를 잠가 버린다. 그때가 윤 5월이라 뒤주 안은 찌는 듯했고 세자는 목이 메도록 구해줄 것을 간절히 애원했으나 영조는 물 한 모금 밥 한술 주는 것도 허락하지 않았다. 오히려 빛이 통하는 틈을 모두 막고 뒤주의 좌우로 풀을 산더미 같이 쌓아 놓도록 했다. 그때가 마치 오늘 같은 날씨였겠으니 얼마나 답답했을지 짐작이 간다.

세자는 피맺힌 한과 절규를 남기고 7일 후에 결국 숨을 거두고 말았다. 세월이 지나 영조는 뒤늦게야 자신이 세자를 죽인 것을 크게 후회한다. 이에 영조는 아들의 죽음을 애도한다는 뜻에서 그에게 "사도(思悼):생각하고 슬퍼한다"라는 뜻의 시호를 내린 것이다.

영조가 83세에 죽고 조선 22대 임금 정조는 갖은 파란 끝에 왕위에 오른다. 사도세자였던 아버지가 28세에 억울하게 돌아가셨다는 것을 당시 11짜리 아들은 다 알고 있었다. 죄인 아닌 죄인의 자식으로 살지 않도록 정조는 일찍 요절한 효장세자(큰아버지)의 양아들로 들어가 세손이 되었던 것이다.

등극한 정조는 이제 "사도세자가 내 아버지시다"를 떳떳하게 밝히고 아버지를 장헌(莊獻)으로 추존, 수은묘(垂恩墓)를 영우원(永祐園)으로 승격시킨다. 그러니까 14년 뒤 1776년 정조가 즉위하자 원(園)으로 승격시켜 영우원(永祐園)으로 부르게 되었던 것이다. 다시 동대문구 배봉산에 있던 묘를 수원으로 옮겨 현륭원(顯隆園)이라 고쳤고 자주 능행을 하면서 백성들에게 효의 모습을 보여주었다. 나중에 장조(莊祖)로 추존되었으며 현륭원을 융릉(隆陵)이라 고쳤다.

우리는 버스로 40분 정도 거리에 있는 융릉으로 갔다. 융릉, 건릉은 수원을 조금 벗어나 행정구역 화성시 안녕동에 있다. 융건릉은 선릉, 정릉 선정릉처럼 한 곳에 있다. 융릉엔 아버지 내외가, 건릉엔 아들 내외가 묻혀 있다. 사도세자는 억울하게 죽었어도 아들을 참 잘 둔 것 같다. 지난번에는 강남문화원에서 왔다는 특별한 손님으로 대접받아 묘역까지 들어갈 수가 있었는데 이번에는 이곳 역시 세계문화유산으로 지정받았기 때문에 철저히 묘역을 보존하고 있어서 푸른 잔디가 그렇게 좋았던 묘역까지는 들어갈 수가 없었다. 너른 묘역에 잡초 한 포기가 없고 폭신폭신한 게 밟고 가기 보다 누워서 굴러가고 싶어졌던 잔디였다. 그렇게 잘 가꾸어놓은 잔디는 내 생전 처음이었다. 비석을 만져보고 왼쪽도 만져보고 오른쪽도 만져보고 눈물이 나올 것 같아서 그대로 잔디에 풀썩 주저앉아 하늘을 보며 사도세자와 정조가 구름이 되어 두둥실 떠다니는 것 같아 잠시 위로가 되었던 곳이다.

윤5월에 사도세자가 죽고 장사를 7월에 지냈으니 달 수로 석 달 만이다. 마치 이맘때쯤일 것이다. 그동안 영조 스스로는 아들의 무덤에 가서 한번 울어 부자의 의(義)를 표시했다. 하지만 아들인 정조는 장지(葬地)에 따라가기는커녕 상여 나갈 때 배웅도, 또 장사 후 혼백을 맞아들이는 반우(返虞)도 하지 못하게 하였다. 그나마 정조는 그 뒤 할아버지 영조의 허락을 가까스로 받아 산소에 갔었다. 처음 갔을 때 아버지의 초라한 무덤에 그만 통곡을 했단다. 그때 정조는 어떤 생각을 했을까? 그때 이미 효를 어떻게 해드려야 할까를 많이 궁리했을 것 같다. 그렇지만 어머니인 혜경궁 홍씨는 영이별(永訣)도 못한 채 떠나보낸 동갑인 남편 무덤을 33년이 지난 정조 19년 을묘년(1795)이 되어서야 현륭원(顯隆園-지금 융릉(隆陵)으로 처음 찾아갈 수 있었다고 한다. 그러나 도착하기도 전에 혼절하여 결국 죽어서야 함께 묻혔단다. 자서전적인 사소설체로 "한중록"을 써 궁중문학의 효시가 되었던 장본인 혜경궁 홍씨. 지금은 남편과 함께 합장되어 여기에 묻혀 있는 것이다. 나는 지금도 마음이 슬프다 못해 아프다. 그래서 또 다시 이곳을 찾아온 것이다.

정조는 드디어 아버지의 한을 풀어드리기 위해 수원에 화성 성곽을 축조하여 신도시 건설이라는 대역사를 실현시켰고 능행을 13번 와서 자고 갔다 한다. 그래서 임금님이 살고 계시거나 들렀다가 간 곳에 표시한 구름이 그려진 소맷돌이 여러 곳에 있었다.

용주사로 갔다. 용주사 역시 융건릉 인근 화성시 송산동에 있다. 신라 때 갈양사였는데 병자호란 때 소실되어 정조가 정성스런 백성들의 시주로 용주사를 건립하였다. 대웅보전 낙성식 전날 밤 꿈에 용이 여의주를 물고 승천했다고 용주사라 이름 지었다 한다. 이곳에서 정조는 비명에 숨진 아버지의 극락왕생을 발원하였다 한다. 이곳에는 효행박물관도 있고 서림당, 효행교육원이 있어 효행 교육의 장소로 사용하고 각종 법회와 템플스테이가 진행되고 있다.

이날 역시 '융건릉 정조 대왕 효행 유적지 보존'이 펼쳐지고 있었다. 근처에 아파트단지가 들어오려는 것을 저지하려는 운동이다. 김유신장군 묘역 아래 아파트 건설 중에 불이나 천년 된 소나무가 몽땅 없어져 버린 것이 생각났다. 이곳에도 소나무가 지천이다. 당시에도 송충이 박멸 작전에 무진 애를 썼다고 설명한다.

정조는 49세 젊은 나이에 죽었다. 인기리에 방영되었던 "이산"에서 정조는 사랑하는 의빈성씨한테서 문효세자를 얻었으나 5살 때 홍역하다 죽고 성씨마저 간이 나빠 병약한 몸으로 셋째 아이를 낳다가 죽는 가슴 아픈 사연이 있다. 의빈성씨는 지금 서삼릉 경내의 후궁 묘역에 잠들어 있다. 금슬이 좋지 않았던, 그래서 자식도 없었는지는 모르겠으나 후손도 없는 효의왕후 김씨와 합장하여 있다.

내게 화성 하면 멋진 두 남자 정조대왕과 다산 정약용이다. 나는 어디 가야 당신들을 뵐 수 있을까요.

남한산성

버스 두 대로 떠나는 역사문화유적탐방, 남한산성으로 가면서 금방 갈 수 있는 길을 두고 돌아간다. 궁금해서 버스 기사한테 물었더니 남문으로 들어가면 빠르지만, 이 버스는 커서 그 꾸불꾸불한 S자 길을 갈 수 없단다. 기껏해야 마을버스 정도만 올라다닐 수 있는 길이라서 동문으로 들어가야 한단다.

남한산성은 서울에서 성남을 통해 들어갈 수도 있고, 하남을 통해 들어갈 수도 있다. 성남 쪽에서 진입하면 남한산성의 남문으로 이어지고, 하남 쪽에서 진입하면 동문을 통과하게 된다. 동문은 하남 쪽에서 광주 방향 43번 국도를 따라가다 광지원리 중부농협 앞에서 우회전해 308번 지방도로를 타면 된다. 또, 중부고속도로 경안I.C, 광지원을 거쳐 가도 된다. 우리 버스는 후자를 통해 가고 있었다.

나는 그동안 남한산성을 많이 다녔다. 주로, 음식점 아니면 찻집이었으나 때론 등산도 하고 통과해서 광주로 빠지기도 여러 번이었다. 강남에서 남한산성 남문까지는 15분 정도 걸리며, 매표소에서 자동차도 주차료로 1천 원, 사람도 1천 원의 입장료를 받았다. 남문에서 동문으로의 통과 차량은 남문에서 받았던 입장료를 동문에서 그대로 내주었다. 그러나 지금은 무료입장 한다.

우리나라는 서울을 지키기 위해 외곽으로 4대 중요 요새를 두고 있었다. 북쪽으로는 개성, 남쪽으로는 수원, 서쪽으로는 강화, 동쪽으로는 광주가 그 역할을 맡고 있었다. 남한산에 축성한 남한산성이 바로 그 동쪽 요새이다. 원래는 백제의 시조 온조왕 때 터를 닦고 토성의 형태를 갖추고 있었던 곳이었다.

백제가 하남 위례성에 도읍을 정한 이후 백제인들에게 있어서 남한산성은 성스러운 대상이자 진산으로 여겼다. 성안에 백제의 시조인 온조대왕을 모신 사당인 숭렬전이 자리 잡고 있는 연유도 이와 무관하지만은 않을 것이라 생각된다. 이 토성을 신라 문무왕 때 다시 쌓아 '주장성'을 만들고, 그 옛터를 활용하여 후대에도 여러 번 고쳐 쌓다가 조선조 광해군 때에 본격적으로 축성하기 시작하여 1624년 인조 2년 때부터 오늘의 남한산성 축성 공사가 시작되어 2년에 걸쳐 완공했다.

석축으로 쌓은 남한산성의 둘레는 약 8킬로미터로 자연석을 사용하여 큰 돌은 아래로, 작은 돌은 위로 쌓아 올린 형태이며, 동서남북으로 각각 4개의 문과 문로, 8개의 암문을 만들었고, 동서남북 4곳에 장대를 세웠다. 산성 내에는 수어청을 두고 관아와 창고, 행궁을 건립했다. 유사시에 거처할 행궁이 73칸, 하궐 154칸으로 합 227칸을 이때 지었다고 한다. 80개의 우물과 45개의 샘을 만들었다고 하니 이 정도면 남한산성의 중요성과 성안에서의 활동인구를 짐작할 수 있을 것이다.

조선왕조 시대의 남한산성은 선조 임금에서 순조 임금에 이르기까지 국방의 보루로서 그 역할을 유감없이 발휘한 장소였다. 그중에서 특히 조선 왕조 16대 임금인 인조는 남한산성의 축성과 몽진, 항전이라는 역사의 회오리를 이곳 산성에서 맞고 보낸 바 있다. 그러나 수백 년의 역사를 갖고 있는 이 귀중한 문화유산은 1894년에 산성 승번 제도가 폐지되고, 군데군데 농사를 지으며 살고 있던 농민들은 모조리 일본군이 쫓아내 버리고 성안에 화약과 무기가 많다는 이유로 1907년 8월 초 불을 질러 하루아침에 잿더미로 변해버렸다. 지금 성곽 안에 남아있는 건물은 불과 몇이 안 된다. 동문, 남문과 서장대, 현절사, 문무관, 장경사, 지수당, 영월정, 침괘정, 이서 장군 사당, 숭렬전, 보루, 돈대 등이 남아있을 뿐이다. 지금의 천호동은 그때 천호 정도의 집을 뺏긴 사람들이 모여 살아서 천호동이라 불린다고 한다.

우리 일행은 해설사를 대동하고 역사관, 천주교순교성지, 연무관을 거쳐 한창 복원공사를 진행하고 있는 행궁을 내려다보며 사진을 찍고 현절사(顯節祠)로 갔다. 현절사는 병자호란 때 3학사인 윤집·홍익한·오달제의 넋을 위로하고 충절을 기리기 위하여 세운 사당이다. 3학사는 병자호란 후 소현세자, 봉림대군과 함께 인질로 심양에 끌려가 충절을 지키다가 심양의 서문에서 처형되었다. 의리와 명분을 위해서는 목숨까지 바치는 조선 선비의 전형적인 모습이다. 적에게 항복하기를 끝까지 반대하다가 청나라에 끌려가 갖은 곤욕을 치르고 참형을 당한 것이다. 1637년 이때 홍익한의 나이가 51세 윤집이 31세 오달제는 겨우 28세였다. 이 중 오달제는 결혼한 지 2년도 채 안 되었고 아내의 배 속에 아이가 태어나기도 전에 처형당했다. 태어난 아이는 딸이었는데 안타깝게도 태어난 지 얼마 안 되어 죽고 말았다. 숙종 때 우국 충절을 장려할 목적으로 현절사란 이름을 지어 내려 김상헌과 정온을 함께 모시게 되면서 현 장소로 옮겨지었다고 한다.

남한산성은 청태종의 12만 대군에 완전히 포위당하고 말았다. 우리군 1만 2천 명 가지고 대항하기에는 역부족이었다. 이에 최후의 1인까지 싸울 것을 주장하는, 즉 명나라의 신의를 중시하여 청나라와의 전쟁을 주장한 척화파와 이와는 반대로 중립외교를 펼치던 광해군이 기 주장했던, 실리를 중시하여 명분 없는 전쟁보다는 대국이 된 청나라를 인정하고 청과의 외교를 강화하자고 주장한 주화파가 있었다. 척화파의 대표적인 인물로는 삼학사와 김상헌, 정온 등 대신들이었고 주화파는 최명길과 양명학자들이었다. 지금 와서 뒤돌아본다면 세상의 흐름을 모른 체 미래를 내다볼 줄 몰랐던 임금과 조정대신들 때문에 환향녀니, 후레자식이니, 하는 단어가 생겨났던 것이다.

임진왜란과 병자호란 때 아무 죄 없이 포로로 끌려갔다 고향으로 돌아온 수많은 여자를 환향녀(還鄕女)라고 했다. 이들은 온갖 수모를 받고 고생하다가 몸값을 지불하면 돌아올 수가 있었는데 남자는 고생했다며 위로와 환영을 받은 반면 여자는 정절을 잃었다는 이유로 집에서 받아들이질 않았다. 이때 자결을 하거나 아니면 많은 질시를 받으며 비참하게 살아갔다. 재수가 없어, 환향녀가 혹, 오랑캐의 자식을 낳기라도 하면 호로(胡虜)자식이라 하여 홀대당했다. 화냥녀, 호로자식이란 좋지 않은 이미지의 단어는 이때 생겨났던 것이다.

지금도 여성의 도리 중에 정조 관념을 제일 중요시하지만, 당시 조선의 여인은 정절을 목숨처럼 지켰던 사회였기에 위안부나 환향녀의 생활이 어떠했을지 짐작이 간다.

최근, 인기리에 상영된 '남한산성'이란 영화에서, 1636년 인조 14년 병자호란은 나아갈 곳도 물러설 곳도 없는 고립무원의 남한산성 속 조선의 운명이 걸린 가장 치열한 47일간의 이야기를 그렸다.

곧, 나라의 힘이 약하고 군주가 무능하면 피해는 고스란히 백성의 몫이 된다는 것. 백성의 삶이 피폐해지고 전란의 참화를 겪는 것은 예나 지금이나 지도자의 무능과 신하의 명분론 때문이라고 보여준다.

궁집

춘천으로 가는 국도를 따라가다 남양주 금곡동 남양주 제1 시청사를 지나 언덕을 넘어서면 우측에 고즈넉한 분위기의 고택이 하나 있다. 대로변에 화살표와 함께 '궁집 90m' 란 푯말이 세워져 있다. 이 고택을 궁집이라 부른다.

궁집은 궁(宮), 즉 왕족이 살던 집이라는 뜻이다. 궁집은 대군(大君), 군(君), 공주(公主), 옹주(翁主)와 같이 왕족이 살던 살림집을 말한다. 조선 시대에는 혼례를 치르면 세자 외에는 궁 밖으로 나와 생활하게 되는데 그들이 살던 집 중의 하나이다.

이 집은 조선 21대 왕, 영조의 1남 12녀 중 숙의 문씨 소생인 막내딸 화길옹주가 살았던 집이다. 화길옹주가 능성위 구민화(具敏和)에게 시집와 영조임금님이 시집간 막내딸에게 궁의 장인과 목재를 보내 나라에서 지어준 집(중요민속자료 130호)이다.

그러나 이 집에서 화길옹주는 몇 년이나 살았을까. 12살에 시집온 1765년에서 1남 2녀를 낳고 1772년에 죽었으니 약 7년 사이에 지어진 것으로 추정한다. 그래서 건축연대가 정확한 한옥이다. 추사 김정희 증조모가 화길옹주의 언니이고, 궁집도 추사 선생 생가와 비슷한 연대에 지은 것 같다. 남편 구민화는 47세에 죽었으니 부부가 모두 단명한 셈이다.

궁집은 88세로 이미 고인이 된 권옥연 화백 개인소유의 사유지로 되어있다. 그래서 아직 일반인에게 개방을 하지 않는다. 우리는 '비목' 작사가이신 한명희 선생님의 도움으로 방문하게 되었다.

이날은 태풍 '산바'가 하루 전에 지나간 날이지만 날씨가 너무 좋았다. 마침 권 화백님의 부인이자 무대미술가 이병복 선생님이 태풍 산바가 훑고 지나간 부러진 나무, 푹 패인 흙더미 등을 정리하고 계셨다. 당시 86세이신 데도 마치 60대분 같아 보였다. 이유인즉 스포츠매니아로 대한민국산악연맹 초대멤버였고 40년 전에 스키를 탔다. 수상스키, 정구도 수준급이란다. 50살 땐 승마도 배웠다. 수영도 했다. 여든이 넘은 나이에도 젊은이 못지않은 열정은 운동 덕분인 듯했다.

궁집의 구조는 'ㅁ'자형 안채와 'ㄱ'자형의 사랑채, 행랑채 등으로 구성되어 있다. 목조기와집으로 자연적 조경이 잘 이루어져 있다. 18세기 말에 지어졌고 건축연대가 정확하다는 점에서 학술적 가치가 있다고 한다.

전형적인 'ㅁ'자형의 안채는 남향으로 자리하였는데, 대문을 들어선 정면으로 부엌·안방·대청이 일자(一字)로 배치되어 있고, 꺾어져서 오른쪽에는 건넌방과 부엌, 왼쪽에는 아랫방과 사랑뒷마루가 놓였다. 대문 옆으로는 광과 책방이 자리 잡고 있다. 안채의 남서쪽 귀퉁이에 있는 'ㄱ'자형의 사랑채는 안채의 사랑뒷마루와 연결되어 있다. 사랑방을 제외한 나머지 장소에는 모두 마루를 깔았다. 사랑채와 안채는 한 덩어리로 연결되어 있는데, 문간채는 헐린 듯하며 담장이 공간을 구분 짓는다. 문간채가 있었던 자리에는 소나무가 있으며 사랑방 앞에도 정원수들이 심어졌고 뒷산은 밤나무 숲으로 이루어져 있다. 감나무에 열린 감은 자잘한데 반해 밤은 크고 토실토실했다.

조선 시대에는 신분 사회이기 때문에 신분에 따라 집의 규모도 제한되어 있다. 이것을 가사규제(家舍規制)라고 한다. 경국대전에 의하면 대군과 공주는 30부(약 1,200평)의 땅을 하사받았고 군과 옹주는 25부(약 980평)의 땅을 하사받았다. 집의 규모는 대군이 60칸, 군과 공주가 50칸, 옹주가 40칸을 짓도록 규정하고 있다.

이외에도 관아와 사찰을 제외한 일반 집에 장식하는 것에도 규제가 있었다. 일반 여염집에는 화공과 다듬은 돌을 사용하지 못하고 단청을 올리지 못하게 하였다. 집에 하는 장식에 대한 규제는 왕족이라고 하여도 예외가 아니었다. 그러나 이러한 것이 잘 지켜진 것 같지는 않다. 단청을 올리지 않는 것은 대부분 잘 지켜졌지만, 화공을 설치하였다는 기록이 자주 보이고 현재 두공을 설치한 집이 남아 있는 것으로 보아 자주 어겼던 것으로 보인다.

가장 많이 어긴 것은 다듬은 돌을 사용하는 것이었다. 이 집에서도 이러한 모습이 보인다. 이곳 궁집에서도 건물의 기단은 잘 다듬어진 돌로 만들어졌다. 그러나 집의 규모와 형식을 보면 왕족의 집이라고 하여 특별히 사치한 집 같아 보이진 않았다. 다른 명문가의 집에 비해 보더라도 현재 남아 있는 안채와 사랑채의 규모가 그리 크지 않았다. 다듬은 돌을 사용한 것을 제외하면 옹주가 살던 집이라고 생각하기 힘들 정도로 소박한 모습이었다. 재료를 다듬은 솜씨는 뛰어나 보이지만 안채의 대청도 4칸 규모로서 자그마했다.

화길옹주는 왜 그리 일찍 세상을 떴을까. 조선 시대에는 일찍 조혼하는 풍습이 있어 12세 이른 나이에 동갑내기 남편을 만나 결혼했다. 시집와서 그리 넓지 않은 안채에서 어린 나이에 애를 셋이나 낳고 답답한 생활을 하다 보니 몸이 쇠약해져서 쉽게 병에 걸린 것은 아니었을까. 안채가 완전히 폐쇄형인 ㅁ자 구조이다. 16세기 이후 주자학이 공고화되면서 양반가에서 내외법이 더욱 강화되면서 안채의 구조도 더욱 폐쇄적인 구조로 변화되어있다. 이러한 시대정신이 이 집의 구조에도 명확하게 반영되어 있었다.

몇 년 전까지 궁집에서 마주 보이는 언덕에 옹주의 묘가 있었다는데 문중에서 용인으로 이장하였다고 한다. 집이 바라다보이는 곳에 옹주의 묘가 있었다는 것은 왕족이기 때문에 가문에서도 잘 모시려는 마음이 있었기 때문이었을 것이라고 생각된다.

궁집은 이 집 말고도 한옥이 많이 있다. 이 집주인 권 화백 부부가 한옥에 관심이 많아 전국에서 고택을 허문다는 이야기가 들릴 때마다 달려가 건물을 통째로 해체한 후 이곳에 옮겨 복원했다고 한다. 순조의 큰며느리 신정왕후 조 씨의 친정집이었던 '군산집' 구한말 송병준 대사의 가옥이었던 '용인집' 등 그렇게 복원한 건물이 7채다. 원래 있던 궁집을 포함해 8채가 곳곳에 터를 잡고 있다. 그리고 자연 그대로 가꾼 이곳을 무의자박물관이라 이름 붙여졌다.

권 화백의 호가 '무의자(無衣子) 즉 벌거벗은 사람'이라는 뜻이다. 무의자박물관은 문화재로 지정된 '궁집'을 중심으로 그렇게 철거 위기에 놓였던 전국의 고택들을 해체한 뒤 옮겨와 금곡마을에 복원하고 권 화백 부부가 호미를 들고 직접 가꾼 공간이다.

집주인 이병복 선생님은 1991년에 이곳 연못 주변에 무대를 만들고 연극 '왕자 호동'을 공연했다고 한다. 선생님은 그때를 최고의 공연으로 기억한다. 2008년엔 이곳에서 '이병복 없다'는 별난 전시를 열었다. 40여 년 작업해 온 분신 같은 무대의상을 전시한 후 모두 불태우겠다고 선언해 화제가 됐다. 소중한 문화를 보관해 줄 박물관 하나 없는 우리나라 문화 행정에 대한 항의의 몸짓이었다고 한다. 매년 여름과 겨울엔 첼리스트인 막내아들(권유진 씨)이 음악캠프를 열고 있단다. 아직 박물관을 일반에 공개하지는 않고 있다.

무의자박물관은 원래 있던 '궁집'만 문화재로 지정이 돼 있다. 나머지 7채를 비롯한 2만 6400㎡(8,000여 평)에 달하는 박물관

관리는 지원이 안 된다고 한다. 기와집에 비가 새고 손볼 곳이 한 두 군데가 아니라고 한다. 궁집과 비슷한 시기에 건립된 궁집의 일을 거들던 아랫사람들이 거처하던 초가집도 관리가 잘 안 되어 곧 무너질 것 같아 위험스러워 보였다.

지금은 주변에 대규모의 아파트 단지가 들어서서 고즈넉한 분위기가 많이 훼손되었지만 얼마 전까지만 해도 이곳에 들어서면 마치 작은 민속촌에 온 것 같은 착각이 들 정도였단다. 사람이 살지 않는 집은 곧 퇴락하게 된다. 이곳 단지의 규모가 한 사람이 관리할 수 있는 규모를 넘어선 것 같았다.

이병복 선생님은 매년 11월 11일 11시에 낙엽 긁어모으는 행사(가랑잎 Day)를 거행하고 있었다. 우리 모두도 와서 낙엽공이 모으는 일을 도와달라고 부탁한다. 우리는 그날을 기약하고 입구에 석양 두 마리가 지키고 있고 가운데에 동자상이 있는 곳에서 기념사진을 찍고 돌아왔다.

궁집 주인 이병복 여사님은 2017년 12월 27일에 91세로 세상을 떠나셨다.

수덕여관

푸르른 5월의 나들이 길. 충남 예산군 덕산면 사천리 덕숭산, 해발 495미터 자락에 있는 수덕사. 1400여 년의 역사를 간직하고 있는 수덕사가 관광명소로 거듭나고 있는 이유 중의 하나는 수덕사 입구 왼쪽에 '수덕여관'이 있기 때문일 것이다. 한국 현대 미술계의 거장인 고암 이응로(1904~1989) 화백이 작품 활동을 하던 곳. 이 화백이 새긴 '수덕여관' 현판이 몹시도 눈에 익는다.

수덕여관, 하면 불행했던 세 여인이 떠오른다. 서양화가인 나혜석(1896~1946)이 5년간 머물렀던 곳. 한국 최초의 여성 유학생이자 여성시인 나혜석은 윤심덕과 함께 당대를 주름잡았던 신여성이었다. 그리고 일엽스님, '신여성'이라는 여성운동 잡지를 창간하고 '폐허'의 동인으로 활동하며 이름을 날리다 홀연 듯 불문에 들어 평생을 치열한 구도 속에 살다간 분이시다. 다음은 이 여관의 안주인, 이응로화백의 본처 박귀희 여사의 슬픈 사연이다.

수덕여관에는 10여 개의 방이 있다. 예전에 내가 갔을 때는 빈 집으로 관리가 참 허술했다. 천장이 내려앉고 문살이 부러지고 창호지가 찢겨 성한 곳이 없었다. 부엌은 부서진 가재도구와 빈 병이 널려있어 흉흉한 기운마저 감돌고 마당과 우물에도 쓰레기 천지였다. 단지 이 화백이 직접 쓴, 소박함이 돋보이는 '수덕여관'이란 한글 현판과 'ㄷ'자 형태의 단아한 초가집 외형, 그리고 이 화백이 조각한 뒤뜰 바위의 암각화만 이끼를 뒤집어쓴 채 옛 정취를 간직하고 있었다. 예산군청과 수덕사 측에 따르면, 수덕여관은 영업을 중지해 이후 관리하는 사람도 없이 방치돼 왔다고 했다.

그러나 2008년, 새롭게 단장된 이후에는 더욱더 예산의 관광코스가 되었다. 바로 옆에는 또 국내 최초의 '선(禪)미술관'이 문을 열기도 했다. 2010년, 지금도 울타리를 막아놓고 단장하고 있었다. 집도 사람도 가꾸어야 아름답고 관심을 끄는 건 세상 이치다.

수덕여관이 지어진 때는 정확하지 않다. 1939년 무렵 화가 나혜석(1896~1948)이 이혼의 상처를 달래기 위해 수덕사에서 수행 중이던 친구 일엽(1896~1971)스님을 찾아왔다가 수덕여관에 눌러앉아 해방 무렵까지 머물렀던 것으로 미뤄 계산해보면 꽤 오래된 건물로 추정이 된다.

세사에 지친 나혜석은 당시 출가 전 시인·수필가였던 일엽스님과 교분이 깊었는데 그를 따라 불가에 귀의하려 했었다. 그러나 당대의 선지식이었던 수덕사 조실 만공스님에게 출가를 요청

했으나 "중노릇할 사람이 아니다"라고 거절당했다. 그 뒤 이곳에서 그림을 그리며 찾아오는 예술인들과 소일했다. 그리고 일엽스님이 출가 전 일본 명문가 자제와의 사이에서 낳은 아들 김태신 씨가 열네 살의 나이에 어머니를 못 잊어 수덕사로 처음 찾아왔을 때, 모자가 상봉한 눈물겨운 장소이기도 하다. 당시 일엽은 아들에게 "나를 어머니라 부르지 말고 스님이라 불러라"고 했다. 김 씨는 이후에도 어머니를 찾을 때마다 수덕여관에서 묵었는데, 나혜석은 마치 자식을 대하듯 팔베개를 해 주고 자신의 젖을 만지게 하는 등 모성에 굶주린 일엽의 아이를 보살폈다고 한다. 후에 화가였던 김 씨 자신도 출가하여 일당 스님이 되었다.

다음은 박귀희 여사 이야기다. 충남 홍성이 고향인 남편 이응로 화백이 선배 화가 나혜석을 만나러 자주 수덕여관에 들르면서부터 수덕여관과 인연이 맺어졌다. 나혜석이 이곳을 떠나자 1944년 이 화백이 수덕여관을 매입하여 한국전쟁 당시 피난처로도 사용하였다. 그러나 이 화백은 21세 연하인 이화여대 졸업생 박인경(이응로미술관장) 씨와 1958년 프랑스로 떠나버렸다. 그러니까 이 화백은 프랑스 파리로 유학을 가기 전까지 수덕여관에서 살았다. 그때 이 화백은 수덕사 부근의 아름다운 풍광을 그렸고 여관 운영은 부인인 박귀희 씨가 맡았다. 1967년 동백림간첩단 사건으로 2년간 옥고를 치른 뒤 몸을 추스르기 위해 옥바라지를 해준 본부인 박귀희 여사한테 다시 돌아와 수덕여관에서 약 2개월간 머물렀다. 그 사이에 뒤뜰의 너럭바위에다가 한국 미술사에 남을 추상 문자 암각화를 두 점 새기게 된다. 고향산천 삼라만상의 성함과 쇠함을 추상화하여 표현한 작품, 암각화를 조각하며 동백림사건으로 지친 마음과 몸을 달래기도 하였다.

그러나 이 화백은 다시 프랑스로 떠나 이혼당한 박귀희 여사는 그때 남편과 영이별을 하였고 혼자서 여관을 운영하다가 남편이 죽은 다음엔 남편의 넋을 기리며 이곳에서 살았다. 외롭게 혼자 살다가 2001년 박귀희 씨가 작고한 뒤 더 이상 여관을 돌볼 여력이 없자 집안에서 이를 경매에 내놓으려 했다. 이 화백이 남긴 암각화 등을 포함해 건물가를 산정했지만, 건물터는 수덕사 소유로 돼 있어 실제 경매가 이뤄지지는 못했다. 바위 자체의 소유권을 둘러싸고 수덕사 측과 이견이 있었기 때문이다. 그때 수덕사 관계자는 “수덕여관을 이응로기념관으로 보존하면서 방문객들이 쉴 수 있는 공간으로 만들려 해도 건물소유주와 의견 접근이 안 돼 이도 저도 못하는 상황”이었다고 했다. 이런 사정으로 인해 한국근대 미술의 중요한 현장인 수덕여관은 폐허가 돼 가고 있었던 것이다.

그러나 이곳은 이제 충남문화재 기념물 103호로 지정되었고 당대에 쌍벽을 이룬 두 페미니스트 일엽스님과 서양화가 나혜석, 그리고 고암 이응로 화백, 또 한 사람, 일엽스님이 속세에 두고 온 외아들 일당스님(김태신)의 전설 같은 이야기들이 녹아있는 역사적 장소가 되었다. 한국 최초의 여류시인이었던 김일엽, 그녀가 활동한 시대는 바로 남성 파시즘에 의한 가부장제가 한창 팽배해 있던 구한말과 일본 제국주의의 점령기였다. 그녀는 당시 이 세상을 휩쓸고 있었던 가부장제에 의한 남성숭배 사상의 모순을 폭로하고 항거한, 시대를 앞서간 여성해방운동 작가였다. 본명은 김원주였지만 춘원 이광수 선생이 그에게 문학계의 한 잎이 되라고 '일엽'이란 필명을 지어주었다고 한다.

나혜석은 이곳을 떠나고 5년 뒤 지금의 서울 용산경찰서 자리에서 행려병자로 죽은 채 발견되었다. 나혜석은 근현대사의 공간에서 의도적으로 외면된 인물이라고 한다. 자유연애와 이혼, '정조 유린 소송' 등은 오늘의 관점에서도 파격적인데 그 당시엔 더욱 받아들이기 힘든 일이었다는 설명이다. 오늘까지 굳게 이어지고 있는 남성 중심의 사회에서 나혜석의 삶은 센세이션이었으되 역사로서 기억할 만한 일은 될 수 없었다.

훗날 한국은행 총재의 자리에 오른 나혜석의 아들은 나혜석에 대한 질문을 받을 때마다 "나는 그런 어머니를 둔 적이 없다"고 말했다. 1930년대에 여성이 성적 자기 결정권을 주장한 것은 시대를 너무나 앞서간 것이었고, 나혜석을 대하는 사회의 야멸찬 시선은 가족들에게도 내내 상처가 되었던 것이다.

화가로, 문학가로, 계몽운동가로, 두루 최초가 되는 이 근대 여성에게 식민의 세월은 모질었다. 강제로 이식된 근대성 앞에 조선의 전통은 대체로 무력했으나 여비(女婢)의 인습만은 강건했다. 시대에 너무 앞서갔기에 오히려 불운할 수밖에 없었던 나혜석, 세기의 '모던걸'로 조선을 떠들썩하게 했던 나혜석의 자취는 수덕여관에서 완전히 지워지고 없었다. 수덕여관은 지금 오로지 화가 고암 이응로가 기거했던 곳으로만, 오직 고암을 기리는 공간으로 바꿔놓았다.

용문사 은행나무

용문사에 은행나무, 한국의 나무 중 가장 키가 크며 우람하고 당당하고 위엄을 풍기는 대표적인 명목임을 우리나라 국민이라면 모르는 사람은 아마 없을 것이다. 은행나무는 살아 있는 화석이라 할 만큼 오래된 나무로 우리나라, 일본, 중국 등지에 분포하고 있다. 우리나라에는 중국에서 유교와 불교가 전해질 때 같이 들어온 것으로 전해지고 있다. 가을 단풍이 아름답고 병충해가 없으며 넓고 짙은 그늘을 제공한다는 장점이 있어 정자나무 또는 가로수로도 많이 심는다. 우리가 흔히 책갈피에 은행잎을 꽂아놓는 것도 책벌레를 예방하는 수단이라 생각하면 될 것 같다.

용문사는 신라 신덕왕 2년 대경대사가 창건하였다고 하는데 그 때가 서기 913년에 해당한다. 또 한편으로는 경순왕이 친히 이 절을 창건하였다고도 한다. 이러한 전설을 고려할 때 이 은행나무의 수령은 약 천년을 넘는 것으로 추정된다. 그런 만큼 그동안 긴 세월을 살아오는 동안에 각종 피해를 입었을 것은 짐작이 된다. 여러 역경을 거쳐 오면서 오늘날의 씩씩한 모습을 보여주고 있다는 것은 보통 신기한 일이 아니다.

정미 의병이 발발했을 때 일본 군인들이 절에 불을 놓았으나 이 은행나무만은 피해를 면했다는 것이다. 그래서 이 은행나무는 방화수로 잘 알려지고 있는 터이다. 그때 사천왕전이 불타버렸는데 이 은행나무를 천왕목(天王木)으로 대신했다는 것이다. 전설은 또 있다. 나라에 큰일이 있다던가 변고가 발생하였을 때에는 소리를 내어 그것을 알렸다고 한다. 나무가 소리를 낸다는 말은 외국에서도 흔히 찾아볼 수 있지만. 고종께서 승하하였을 때에는 큰 가지 하나가 부러졌다고 한다. 또 어떤 사람이 이 나무를 자르고자 톱을 대는 순간 톱자리에서 피가 쏟아져 나왔다는 말도 있다. 그래서 나이는 약 1,100살 정도로 추정되며, 높이 42미터, 뿌리부분 둘레 15.2미터라고 한다.

우리나라 은행나무 가운데 나이와 높이에 있어서 최고 높은 기록을 가지고 있으며 줄기 아래에 혹이 있는 것이 특징이라고 한다. 조선 세종 때는 정3품 당상관이란 품계를 받을 만큼 중히 여겨져 오랜 세월 동안 조상들의 관심과 보살핌 가운데 살아온 나무이며, 생물학적 자료로서도 가치가 높아 천연기념물로 지정, 보호되고 있다. 이제는 은행나무에 철 울타리를 만들어 사람들의 접근을 막아놓고 또 가까운 곳에다가 높은 철탑까지 세워 혹여 있을지 모를 벼락을 예방하고 있다. 참 잘한 일이라 생각된다.

오늘도 여전히 용문사의 명물인 이 은행나무를 찾는 사람이 많다. 이렇게 은행나무가 잘 자란다는 것은 배수가 잘될 수 있는 적지조건을 갖추고 있어서란다. 또 어떤 이들은 해우소 가까이까지 뿌리가 가 있어 천연비료를 공급해주고 있다고도 믿는다. 암나무라서 해마다 은행이 주렁주렁 많이 열려 주위 상점에서는 이 은행을 먹으면 은행나무처럼 무병장수한다는 설명까지 곁들이며 팔고 있었다. 사방을 아무리 둘러보아도 이 암나무 가까이엔 수나무가 보이지 않았다. 은행나무는 미련해서 물에 비치는 자기의 그림자를 보고도 수나무인 줄 알고 열매를 맺는다 한다. 알고 보니 바보나무가 아닌가. 그렇다 사람이나 나무나 적당히 바보처럼 사는 것도 약간은 좋을 듯싶다. 너무 알면 스트레스 쌓이고 병들고 결국 일찍 죽을 것은 뻔한 이치.

오래 사는 나무들로는 은행나무 말고도 소나무, 느티나무, 향나무, 동백나무, 모과나무 등이 있다. 한때는 아시아에서 가장 큰 은행나무라고 추측도 했다는데 일본의 미야자키현에 있는 48미터의 은행나무에 세계에서 가장 큰 은행나무 자리를 내주어야 했다 한다. 세계 최고가 아니어도 우리에게는 소중한 나무이다. 신라 멸망에서부터 임진왜란과 한국전쟁에 이르기까지 민족의 천년의 내력을 장하게 담아낸 나무이니까. 굳이 세상에서 가장 큰 나무가 아니라 해도 사랑하고 또 사랑해야 할 더없이 귀중한 자연유산이며 문화유산이다.

7세기 초에 태어나 서기 702년에 이 세상을 떠난 고승 의상대사가 자신의 지팡이를 꽂아둔 것이 자랐다는 이야기도 있는데 그게 맞다고 보면 나무의 나이는 무려 1,300세나 된다. 그 어느 쪽 전설을 받아들이더라도 매우 오래된 나무이다. 의상대사나 마의태자 모두 민족의 미래를 걱정하고, 후손의 평화를 위해 애쓴 우리 역사에서 잊혀서는 안 될 중요한 인물이기도 하다. 사람가슴 높이에서 잰 둘레가 무려 14미터를 넘는 용문사 은행나무의 줄기. 살아온 세월을 증명하듯 푸른 이끼가 올라온 나무뿌리 부분, 나무가 워낙 장대한 규모이다 보니 나무의 위용에 압도되어 오히려 무서워 보인다.

양수리에 역시 오래된 느티나무를 구경하고 황순원문학관 가는 길 오른쪽에 '갑산공원'이란 팻말이 보였다. 이곳엔 최진실 최진영 남매가 묻혀있어서 일명 '남매공원'이라고도 부른다. 사람이 100년도 못살거니와 길어야 7, 80년 산다는데 이 남매는 무에 그리 좋고 편안한 곳이라고 생목숨을 끊어 이곳에 와 있는가. 용문사 은행나무에 비하면 우리 인간의 생명이란 게 초로인생이라고 정말 우습게 보인다.

우종牛鐘

3개월 정도 절대안정을 취하라는 의사의 진단을 받고 힐링을 위하여 잠깐 산사를 찾았다. '구름이 머무는 봉우리'라는 운주산은 세종특별자치시 서북쪽 해발고도 460미터 정도에 위치해 있다.

산 정상에 오르면 천안과 공주, 조치원과 청주를 비롯한 일대가 한눈에 보인다. 마치 내가 살고 있는 강남의 대모산을 연상케 한다. 정상부에 산성이 있다. 삼국시대에 벌써 이곳에 산성을 쌓았던 것이다. 이 산성을 고산산성이라고도 한다.

운주산 등산로 초입에 내가 머물고자 한 고산사가 있다. '백제루'란 누각이 가장 먼저 나를 맞이한다. 우종, 또는 소종이라는 종각이다. 절 마당에 들어서니 '백제국 의자대왕 위혼비(百濟國 義慈大王 慰魂碑)'가 눈에 들어온다. 백제가 멸망하고 당나라로 끌려간 의자왕, 나당연합군과 마지막까지 싸우다 비명에 숨진 백제

부흥군의 원혼을 달래는 원찰(願刹)이라는 설명을 들었다.

내일은 마침 큰 법당인 '극락보전'을 중창하고 낙성식을 갖는다고 한다.

이런 성격의 절이 운주산에 세워진 것은 부흥군이 최후를 맞았다는 주류성이 이 주변일 것이라는 믿음에서 비롯됐다 한다. 그동안, 아니 지금도 주류성의 위치를 두고 역사학계의 견해는 충남 홍성의 학성산성, 충남 서천 한산의 건지산성, 전북 부안의 위금암산성, 고산사가 있는 세종시 전의면으로 나뉘어 있단다. 그런데 전의설(說)을 지지하는 학자들은 『일본서기』에 '주류성이 백강에서 가깝고 농사짓는 땅과 멀리 떨어져 있으며 돌 많고 척박해 농사를 지을 수 없는 곳이다. 싸움이 길어지면 백성들이 굶주리기 쉽다.'고 적혀 있어 운주산은 백제부흥군이 마지막으로 항전한 주류성의 옛터로 추정의 주요 근거가 되고 있다.

TV도 없고 라디오도 없고 신문조차도 없는 산사에서 나는 초저녁부터 일찍 방바닥에 누워 깊은 잠에 빠졌다. 그런데 바로 옆에서 '댕~' 하고 아주 크게 울리는 종소리에 깜짝 놀라 시계를 보니 벌써 새벽 4시였다.

고산사는 1966년, 지금 최병식 강남문화원장이 창건, 비록 짧은 역사를 가지고 있으나 백제부흥군 원찰로 성격을 굳혀 이미 세종시를 대표하는 문화유산의 하나로 백제의 옛 땅에서 백제 유민의 원혼을 달래는 절이라는 상징성을 지니고 자리매김하고 있었다.

이곳 고산사에서는 해마다 백제부흥군을 위한 천도제인 '백제고산 대제'가 열리고 있다.

"660년 7월 18일 백제의 의자왕이 나·당 연합군에게 항복했다. 이후 백제 사람들의 부흥 운동이 일어났는데, 흑치상지와 복신이 웅거한 임존성과 도침이 이끄는 주류성을 중심으로 부흥 운동 세력이 통합됐다. 그들은 주류성을 공격하는 나당연합군을 크게 이겼다. 그 기세를 몰아 부흥군은 200여 성을 회복했다. 나당연합군이 고구려 공격에 전념하고 일본에 있던 왕자 '풍'이 돌아와 부흥운동을 이끌면서 더욱 활기를 띠었다. 그러나 부흥 운동 세력의 지휘부 내에 분란이 일어나 복신이 도침을 죽이고, 다시 풍이 복신을 죽이는 데에 이른다. 더욱이 부흥군을 돕기 위해 일본이 보낸 병사 2만 7천 명이 백강에서 궤멸되고 풍이 고구려로 달아나자 백제의 부흥 운동은 이내 막을 내리고 말았다."

'삼천굴의 전설'도 있다. 당시 나당연합군은 백제부흥군들이 숨은 굴을 찾아냈다. 병사들은 보이지 않았지만 청솔가지를 잔뜩 쌓아 놓고 무조건 불을 질러 쳐들어갔다. 굴 속 깊숙이 숨었던 3천 명 병사들이 모두 죽었다. 그들의 피가 계곡으로 흘러들었다. 그 골짜기는 지금도 '혈적곡' 또는 '피숫골'로 불린다. 당시 주류성 일대에서 나당연합군과 백제·일본 등 동북아 4개국이 사생결단의 전투를 벌였다.

고고학 박사이자 고산사 창건주인 최병식 원장이 지난 2008년 10월, 제15회 백제고산대제를 개최할 때는 지역 주민은 물론 여러 고고학자들이 참석한 가운데 백제 의자왕과 부흥군들의 극락 왕생을 기원하는 '삼천범종' 타종식을 가졌다.

종각과 범종 불사를 낙성하는 타종식이었다. 조상의 숭고한 애국정신을 이어받아 나라의 어려움을 극복하는 상서로운 종소리가 방방곡곡에 울려 퍼져 "국민의 심신이 안정되길 바란다"고 3백여 명이 동참했다. 종각에 범종을 달고 타종식을 하던 중 어디서 왔는지 모를 9마리의 송아지가 범종각을 찾아와 참배하는 모습을 보여 화재가 되었다. 이날 모습을 지켜본 불자들은 백제의 옛 병사들이 범종의 소리를 듣고 기쁨에 찾아 왔다고 한마디씩 더했다. 정말 미스터리한 일이다. 당일 현장에 나타난 송아지들을 나는 사진으로 볼 수 있었다.

화주 최병식 박사는 매년 제사를 모실 때면 회오리바람이 불어와 영령들의 자리 하심을 느낄 수 있다고도 했다. 이 또한 미스터리다.

최병식 박사의 〈축 문〉

'백제가 나당연합군에 나라를 빼앗긴 비운의 날 운주산 계곡에는 겨울을 재촉하는 슬픈 바람이 불었습니다. 운주산 계곡 어디선가 장렬한 최후를 맞은 백제의 부흥군의 원혼을 달래기 위해 고산사에서 대제를 올리기 시작한 지도 어언 15년 더구나 오늘 고산 대제는 백제 삼천 범종을 지어 첫울음을 터뜨렸으니 피숫골 골짝에 떠돌고 있는 원혼을 이제야 달래게 되었습니다. 이 땅에 모든 중생들이 진리의 등불 밝혀 어둠의 굴레에서 벗어나 나라가 평화롭고 평화통일을 발원하옵니다.'

그리고 말한다.

"16년 전, 그러니까 1992년 봄이지요. 우연히 운주산에 올랐습니다. 정상에서 석비(石碑)를 보게 됐지요. 거기에는 '백제 부흥 운동의 근거지인 주류성이 있던 곳으로 추정되지만, 그 정확한 역사를 알 길이 없다.'라고 적혀 있었습니다. 순간 온몸에 전율 같은 것을 느꼈지요. 며칠 뒤 서울로 돌아와 미국을 가게 됐습니다. 비행기 안에서 최인호의 『잃어버린 왕국』을 읽고 얼마나 울었는지 모릅니다. 하던 사업을 접고 주류성이라는 출판사를 설립하면서 이쪽으로 계속 연구를 하게 됐지요."

나라가 망하자 왕과 왕비, 왕자와 유민 12000명이 당나라 장안으로 끌려갔다. 의자왕은 낙양에서 병사했다는데 당의 귀족들이 묻히는 공동묘지인 북망산 어디엔가 묻혔다 하나 아직까지 왕릉도 찾지 못했다 한다. 이에 최병식 원장은 1997년에 운주산 고산사 어귀에 '백제국 의자대왕위혼비'를 세웠다. 그리고 해마다 음력 9월 8일 '고산제'를 열어 의자왕과 수많은 병사들의 넋을 달래드리고 있다. 부디 혼이라도 고국으로 돌아와 백제의 후손들과 자리를 같이했으면 얼마나 좋을까. 반드시 그러리라 믿어진다.

새벽 종소리는 중생들이 모든 고통에서 벗어나 즐거움을 얻도록 하는 동시에 불법의 장엄한 진리를 깨우치게 하는 데 있다 한다.

새벽 4시, 깊은 잠에서 나를 깨운 33번의 종소리는 내 일생에 처음 산사에서 들어보았다. 그것도 아주 가까운 곳에서. 이후 나는 지금까지 종소리가 없어도 새벽 4시만 되면 어김없이 눈을 뜬다. 내 머릿속에 새벽 4시는 기상 시간으로 각인되었는가 보다.

2 작품의 산실

작품의 산실

사방으로 벚꽃이 만개하고 날씨가 화창하다. 이미시문화서원 우리 춘초몽 문우들 11명이 봄나들이로 우묵배미를 찾아 나섰다. 한명희 '비목'의 작사가님이 가이드를 맡았다. 고 박영한 소설가의 작품 '왕룽일가, 우묵배미의 사랑' 의 산실을 찾아서다.

작가 박영한은 나하고 동갑이었다. 그러나 5년 전 59세에 위암으로 이 세상을 떠났다. 작가를 잘 알고 있는 한 문우가 그가 60도 못 되어 갔음은 분명 술, 담배 때문이었을 거라고 한다. 글 쓰는 기간 동안은 술 담배에 찌들어 살았다고 해도 과언이 아니란다.

박영한. 그는 1947년에 태어나 2006년도까지 이 세상에 존재한 인물이다.

그가 출생하여 고등학교를 졸업할 때까지 어머니의 질병과 가출한 이복형, 간질을 앓은 큰형 때문에 사글세를 전전하며 어려운 가정환경에서 자랐다. 고졸 후 3년 동안은 공장 및 부두노동자, 거리의 악사, 가정교사, 등 떠돌이 생활을 했다. 그것은 그의 작품 〈노천에서〉에 과거의 자화상이 그대로 녹아있음이다.

글을 쓰는 작가들의 대부분은 아픔이 많은 사람들이다. 박영한, 그 역시 경제적인 궁핍과 가족들의 슬픔 속에서 자라 오죽하면 굶은과라 칭하는 국문과를 선택했을까. 물론 소질과 취미도 있었겠지만, 글을 쓰고 싶은 욕망이 대단했던 것 같다.

그는 늦은 나이에 연세대 국문과에 입학하였으나 바로 휴학하여 월남파병에 지원하여 1976년, 30세의 나이로 대학을 졸업한다. 바로 이듬해 베트남 전쟁 체험소설 〈머나먼 쏭바강〉을 발표하면서 베스트셀러가 되었다.

1988년과 89년에는 도시와 농촌의 접경지대를 떠돌며 관찰 체험하여 〈왕룽일가〉 〈우묵배미의 사랑〉을 썼다.

지금 서울과 이곳 덕소까지는 전철 경의·중앙선으로는 대 여섯 정거장이고 버스 역시 30분 이내에 서울에 도착할 수 있는 거리다. 그러나 당시를 생각해보면 전철도 없고 양평 가는 시골 버스가 그저 유일한 교통편이었을 것이다. 병원도 교통도 시장도 멀고 오직 농사일과 소를 키우며 사는 불편한 시골 작은 문간방을 택해 그는 체험하며 글을 썼다.

덕소 다음 역인 도심역에서 내려 고대농장을 향해 걸어갔다. 양지를 향해 앉아있는 노인들에게 옛날에 박영한이란 소설가가 여기 어딘가에서 살았다는데 혹시 알고 계십니까? 하고 물었더니 두 노인이 잘 알고 있었다.

이리로 곧장 가다가 다리 지나 우측으로 들어가면 좌측으로 첫 번째 집이라고 한다. 다른 집들은 다 없어져 버렸지만 그 집은 남아있다고까지 알려준다. 직진으로 50미터 정도에 다리가 있다. 좌측으로 올려다보이는 낮은 산 중턱엔 태종의 계비 신빈신씨 묘가 덩그마니 혼자 있다. 태종은 본처와 나란히 헌인릉에 있고 이곳에는 계비가 혼자 있고 구리시 아천동에는 태종의 후궁인 명빈 김씨가 혼자 누워 있다. 이곳 남양주시는 살아있는 인구 보다 죽어 누워있는 홍유릉, 사릉, 동구릉, 모란공원 등 인구가 훨씬 더 많을 것이다. 조선 시대의 사극에서 귀에 익은 이름 조말생, 박원종 등 묘도 남양주에 있다.

왼쪽으로 넓은 고대농장을 끼고 포장된 길을 걸으니 우묵한 곳이 나온다. 바로 이곳이 우묵배미로 칭해졌던 곳이다. 조금은 역사가 있을 듯한 ㄱ자 기와집 대문 앞에 섰다. 진돗개인가, 흰털을 가진 큰 개 2마리가 하나는 개집 안에 하나는 개집 밑에 대문 앞 향나무의 줄에 매달려 있다. 그네들도 사람이 그리운지 아니면 관상을 볼 줄 아는지 짖어대지 않고 오히려 꼬리를 흔들며 반가워한다.

일행 중 한 명이 누구 계슈~ 하고 열려있는 한 쪽문 안을 들여다보았다. 안경을 낀 할머니 한 분이 나오신다. 혹시 여기가 소설 쓰는 박영한 씨가 살았던 집입니까? 물으니 바로 이 방이라며 문간방을 가리키신다. 우리는 순간 박수가 절로 터져 나왔다. 이젠 물어볼 것도 없이 할머니가 줄줄 말씀하신다.

“우리 영감이 그 TV 드라마에 나오는 이필용이였어. 지금은 죽고 없어. 그때 배종옥이 우리 딸 역할을 했었는데 그 딸은 홍대 미대를 나와서 지금 미국에서 살고 있어, 그래서 나도 뒤질년도 가보고 그랜드캐년도 가보고 라스베도 갔었어. 큰 차가 와서 이곳에서 몇 번 촬영도 했었지. 우리 아들은 지금도 여기서 농사짓고 살어. 부부가 호주 여행가고 없어 오늘 돌아와. 단지아빠 엄마는 이 방에서 사글세 2만 원씩 내고 살았어. 단지 동생을 이 방에서 가졌어. 그 아들 임신해가지고 많이 배운 사람이 여기 부인네들하고 똑같이 살았댔어. 이런 슬리퍼 신고 몸빼 입고 호박 심고 일하러 다니고. 간혹 부부싸움도 했었지. 마누라가 뭘 잘못했는지 남편이 그저 작대기를 들고 쫓아다녔어. 아내는 도망 다니고 남편은 잡으러 다니고 참 성깔 있는 남자였지. 남자가 노래도 잘했어. 이 동네 노래자랑 때는 꼭 나갔지. 키타도 치고. 그때 이 동네는 여섯 집밖에 없었어. 그런데 지금은 다 없어지고 우리 집만 남았어. 여기 마당에 남자들이 다 모여 술도 가끔 잘 마셨지. 저기 여주댁 집에서도 조금 살았었고. 이삿짐도 없어. 요만한 책상 하나 하고 책밖에는. 이곳에 아마 한 7, 8년 살았을걸? 몇 년 전에 죽었다데? 이사 간 후 그 마누라는 이곳에 한 번도 안 왔어. 배운 사람들은 다 그러더라구.”

83세이신 박종례할머니는 퍽 세련된 분이셨다. 마치 현지 해설사 같았다. 마당에 수도꼭지에서는 지하수라 한참 틀어버리고 나니 시원한 물이 나왔다. 우리가 먹으려고 준비해왔던 오렌지 1봉지를 할머니 품에 안겨드리고 돌아섰다. 할머니는 멀리까지 손을 흔들었다.

조용한 이곳에서 글을 쓰려고 왔던 작가 박영한은 후에 〈왕룽일가〉 〈우묵배미의 사랑〉을 써 TV 드라마로, 영화로, 연극으로 제작하여 인기를 얻었다. 그러나 당시 그의 아내는 어린애 둘을 데리고 가난한 작가의 아내로 직접 자기 소를 키우며 시골에서 안 해본 농사일에 매일 술과 담배로 찌들어가는 성질 괴팍한 남편과 하루하루를 어떻게 지냈을까? 같은 여자로 얼마나 한심하고 답답했을까, 그러기에 여태까지 이곳에 단 한 번도 오지 않았다는 게 이해가 간다.

박영한이 죽기 6년 전부터 동의대 문예창작과 교수를 했고 일산에서 살았다고 하니 가정경제 형편은 조금 풀렸으리라 짐작한다. 그가 병상에서 마지막으로 한 인터뷰 중 "문학이 암보다 더욱 고통스러웠다"라고 한다. 직업 중에 드라마 작가가 제일 스트레스를 받는다고 한다. 나 자신도 글을 쓰는 작가지만 고 박영한 작가와 동갑인 데에 대해 더 연민이 간다. 박경리 작가의 말이 생각난다. "나 다시 태어나면 일 잘하는 농부 만나 평생 농사지으며 흙과 함께 살리라" 하던.

길가에 연한 개망초를 뜯어 담으며 새로 들어선 별장 같은 아름다운 집들 사이로 나오니 버스 다니는 큰길과 연결된다. 입구에 큰 식당도 들어서 있다. 그러나 아직도 이곳은 수돗물도 들어오지 않은 시골이었다. (2011년 4월 19일)

종로3가

그날 세 명이 종로3가에서 점심을 먹고 근처에 있는 2층 커피숍으로 들어갔다. 아르바이트생인 듯 한 청년이 유리창 가에 앉아있는 우리 곁으로 다가오더니 죄송합니다만 나가달라고 요청한다. 순간 왜 그러지, 하고 주위를 둘러보니 우리처럼 나이 많은 사람들은 보이지 않았다. 그래요, 하고 밖으로 나왔다. 우리는 모르고 아마 젊은이들의 아지트에 들어갔던 모양이다. 너희들 늙어봤냐? 우린 젊어 봤다는 시가 생각났다. 그들은 노트북을 탁자위에 올려놓고 일하며 담배도 자유롭게 피워야하기 때문에 어르신들이 계시면 불편해서였을 것이다.

50대 후반과 60대 초반의 두 여자와 70대 남자 교수님은 그렇게 쫓겨나와 가까운 인사동으로 향했다. 탑골공원을 끼고 돌자 낙원상가가 보였다. 낙원상가 4층에는 실버영화관, (주)추억을 파는 극장이 있다. 1990년대까지 대한극장, 서울극장, 단성사, 피카디리, 국도극장, 중앙극장, 명보극장, 스카라극장, 국제극장 등과 함께 서울 시내 10위 개봉관으로 명맥을 유지했으나 메가박스(Mega Box), CGV 같은 멀티플렉스 상영관이 등장하면서 다른 개봉관과 비슷한 쇠퇴의 길을 걷게 된 허리우드 극장이다.

나는 1969년 20대의 처녀로 낙원상가 3층에 있는 종로보건소에서 근무하고 있었다. 그때 바로 위 4층에 1개관으로 극장이 생겼다. 허리우드 극장이라고 했다. 그 극장에서 개관 기념으로 보건소직원 전원을 초대하여 팥시루떡도 주고 시운전 이였는지 무슨 영화도 보여줬다. 무슨 영화였는지 지금 기억나진 않지만 영화배우 최은희 씨가 그 극장주인 이라고 한 것이 아마 신상옥감독 작품이었지 싶다. 널찍한 로비에서 최은희 씨가 담배를 손에 들고 휴식을 취하며 앉아있던 모습이 눈에 선하다.

보건소는 예방의학을 다루고 병원은 치료의학을 다루기 때문에 당시 보건소 사무 특성상 우리는 출장을 자주 나다녔다. 서울시청 앞 광장에 서울 9개구 보건소직원들이 한자리에 모여 일제히 방역소독도 하고 길거리에 천막을 쳐놓고 지나가는 시민들에게 무작위로 코레라 장티푸스 예방접종도 해주고, 가족계획 등 달동네 곳곳에까지 마이크를 들고 계몽운동을 하고 다녔다.

낙원상가 건물에는 엘리베이터가 딱 하나 있었다. 허리우드극장이 개관하자, 오며가며 엘리베이터 안에서 영화배우 남정임도 만나고 최은희도 자주 만났다. 당대에 최고의 미녀배우들과 같은 공간 엘리베이터 안에 함께 탄 것을 우리는 대단한 영광으로 생각하고 자랑도 했다. 이 모든 것은 30년도 더 지난 일 들이다.

지금 인사동 입구 낙원상가는 그때와는 많이 달라져 있다. 악기상가로 아주 유명하다. 종묘와 탑골공원 등 종로는 많은 어르신들이 모이는 장소인데 이 지역에 위치한 허리우드극장이 지난 2005년 실버영화관으로 새롭게 문을 열고 노인들을 위한 따뜻한 문화 서비스를 제공해 오고 있다. 추억의 허리우드 극장은 57세 이상의 어르신들에게는 저렴한 가격인 2,000원에 영화를 관람할 수 있는 상영회차를 하루 세 번 운영하고 연중무휴 복지영화관으로 태어나는 기반을 마련했다.

고령화 시대, 노인 문제와 세대 간 갈등이 사회 통합적 측면에서 큰 문제로 부상하고 있는 현실에서 실버영화관은 소외된 계층에게 '문화로 따뜻해지는 세상'을 선물한다는 점에서 큰 역할을 맡고 있는 멋진 공간이 되었다.

허리우드클래식 실버영화관은 극장 내부나 영화 티켓 시스템 등 많은 부분이 옛 극장의 모습 그대로 운영되고 있어서, 이곳을 찾으신 어르신들이 정서적으로 편안한 가운데 문화생활을 즐길 수 있도록 되어 있다. 무엇보다 극장 주변에는 저렴한 식당과 이발소 등 어르신들을 위한 다양한 연계 서비스들이 함께 안내되고 있다.

허리우드클래식의 대표는 30대의 여성분으로 실버영화관의 가장 큰 모토는 소외된 노인들을 위한 문화복지공간이라는 것이다.

오늘날의 한국을 이뤄 내시고 이제는 은퇴하신 분들에게 영화를 중심으로 다양한 문화 서비스를 통해 행복의 장을 마련해 드리는 것으로 문화의 장점이자 가장 큰 힘은 소통이 빠르다는 것. 이곳을 통해 많은 어르신들이 행복을 얻어 가시고, 나아가 모범적인 사회 공헌의 역할 모델도 정착되었으면 한단다.

과거 노인들의 꿈이 오늘날의 한국을 있게 했고, 현재도 여전히 육아 등 사회적 역할의 많은 부분을 노인들이 떠맡고 있지만, 노인들을 위한 것들은 너무나 부족한 상황이라면서 "초고령사회로 가면서 한 젊은이가 4명의 노인을 부담해야 한다. 이런 뉴스가 나오면서 세대 간 갈등도 생겨나고 있고, 입지가 계속 좁아지는데 결코 옳지 않은 상황이라고 생각합니다. 노인들은 이런 상황을 그저 미안해할 뿐이며, 비록 힘은 없어도 나라를 사랑하는 마음은 누구보다 강한 분들입니다. 그분들을 소외시켜서는 안 되는 것. 사회에서 은퇴해 멈춰 있는 시간 속에서 단지 젊은이들과의 문화 차이 문제로 서서히 소외되며 살아가는 어르신들에게 그들의 시간을 되돌려 드리고 싶어요. 정신적인 휴식을 취할 수 있도록 해드리고, 문화를 즐기고 나누며, 그리고 다른 이들에게 알리면서 문화적으로 자존심도 세우고, 그러면서 젊은 세대와의 소통의 실마리도 만들고요."라고 말하고 있다.

1997년부터 3개 상영관을 갖춘 복합상영관으로 운영돼 왔으나 최근에는 멀티플렉스 극장들의 강세에 밀려 관객 수가 많이 줄어들었지만 옥상위에 위치한 듯 한 극장의 독특한 모양새와 종로

지역풍경이 펼쳐지는 조망 등 특유의 운치로 관객들의 사랑을 받아오고 있단다.

종로, 인사동 일대는 이처럼 젊은이와 늙은이가 공존하며 활기차게 살아가는 곳이다. 세월 따라 그 젊던 허리우드 극장도 지금의 나와 같이 용도가 변경되어가고 있었다.

이방원의 첫사랑

인기리에 방영된 '육룡이 나르샤'란 연속극에서 이방원은 그냥 성도 없고 이름만 가진 백성 분이를 사랑한다. 순수한 첫사랑 분이를 향한 가슴앓이를 하면서 이방원은 민씨와 결혼식을 올린다.

훗날 태종이 된 이방원의 여러 후궁 중에서 분이를 닮은 인물은 두 명으로 압축된다. 그 중 가장 유력한 후보는 효빈 김씨와 신빈 신씨다. 효빈 김씨는 이방원의 서장자인 경녕군의 어머니이다.

효빈 김씨는 이성계의 두 번째 부인인 신덕왕후 강씨의 몸종이었는데 미모가 워낙 출중하여 신덕왕후도 김씨가 이성계 앞에 모습을 보이는 것을 꺼렸다고 한다. 이러한 김씨가 이방원과 맺어진 것은 이방원이 왕위에 오르기 전이다. 효빈 김씨가 낳은 아들이 태종의 서자 중 가장 나이가 많다는 것으로 봐서 혹시 분이가 아닐까 한다. 또 이방원은 왕위에 오르자 김씨가 낳은 아들을 왕자로 삼고 그녀를 후궁으로 봉한다. 김씨의 아들 '경녕군'의 학문과 자질이 출중하여 원경왕후의 아들인 양녕대군과 효령, 충녕대군에게 글을 가르치기도 했다는 것이다.

'첩의 아들은 왕위에 오를 수 없다'며 적서 차별에 앞장섰던 이방원이 후궁의 아들인 '경녕군'이 왕비의 아들들을 가르쳐도 좋다고 허락한 것은 너무나 의외였다.

다음은 신빈 신씨다. 그녀는 원경왕후 민씨의 나인 출신으로 태종과의 사이에서 무려 3남 7녀를 낳았다. 그만큼 지극히 태종의 총애를 받았다는 것에서 분이가 아닌가 한다.

신빈은 영월신씨로 정국공신 영귀의 딸이다. 선대는 고려조에서 명문사족이었으나 신돈의 횡포에 연루되어 몰락하였다. 그러나 신씨가 훗날 태종의 왕비가 된 원경왕후 민비의 몸종으로 들어가 특별한 귀염을 받았다. 특히 조선 개국 후 '박포의 난'때에는 왕후에게 닥칠 위험을 사전에 감지하고 왕후에게 권하여 위기를 모면하게 함으로써 신임이 더욱 깊어졌다. 신빈은 태종 14년에 신령궁주에 봉해졌고 원경왕후가 죽은 후에는 궁궐의 내명부를 총괄하였다. 태종이 가장 아끼던 후궁으로 자신이 아플 때도 오직 신씨만 곁에서 지키게 했고 신빈은 태종이 죽자 절에 들어가 스님으로 평생 태종의 명복을 빌다가 생을 마감했다는 점이다.

나는 해마다 봄이면 신빈신씨 묘역으로 쑥을 캐러갔다.

경의중앙선 전철 도심역에서 내려 1킬로미터 정도 걸어가면 산중턱에 신빈의 묘가 덩그마니 혼자 모셔져 있다. 그곳에서 모퉁이를 돌아 100미터정도 더 걸어가면 그분의 장남인 함녕군 이인의 묘도 있다. 함녕군의 묘는 오래된 소나무 두 그루가 그의 묘를 지킨다. 묘비로 봐서는 누구의 묘인지 글자가 마모되어 그동안 알아볼 수 없었다. 그런데 최근에 갔을 때 입구에 신도비를 세워두어 자세히 알게 되었다.

태종의 자녀는 서자까지 합해서 약 30명 정도 되며 적자인 양녕, 효령, 충녕, 성녕 4명 외에 업적이 뛰어난 서자들 중에서는 첫째인 경녕군과 둘째인 함녕군이 있다. 그러니까 함녕군이 태어난 시기는 정확히 안 알려져 있지만 세종보다는 동생이다. 나머지 서자들도 있지만 대부분 요절하거나 일찍 병들거나 사고로 사망하고 첫째 서자인 경녕군은 이방원의 제1첩인 효빈김씨의 소생이고 둘째 서자인 함녕군은 이방원의 제2첩인 신빈신씨의 소생이다.

육룡이 나르샤에서 분이가 가상인물로 나오는데 실존 인물이었을 때 효빈김씨 아니면 신빈신씨 이었을 것이라고 짐작을 한다.

시기적으로 보면 효빈김씨이고, 이방원이 부인들 중에서는 신빈신씨를 가장 사랑하였고 신빈신씨는 실제로 이방원이 세상을 떠난 후 매우 슬퍼해서 머리를 깎고 절에 들어가 여승이 되고 생을 마감한 것을 보아서는 신빈이다.

신빈의 아들 함녕군은 문무가 뛰어나고 특히 활을 잘 쏘았으며 묵묵히 과묵하면서도 할 말이 있을 땐 언변이 뛰어났다고 한다. 1422년 이방원이 병상에 있을 때 세종과 함께 밤낮으로 간병을 했고 아버지가 세상을 떠난 뒤에도 빈전에 항상 입직해 있을 정도로 효성이 매우 지극했다. 그래서 세종이 이복동생 함녕군에게 빈전을 관리하게 했다.

태종은 대모산자락, 서초동 헌릉에 본처인 원경왕후와 나란히 묻혀있는데 그렇게 사랑을 받고 태종의 아이를 10명이나 낳아 기른 신빈은 이곳에 홀로 몇 백 년을 누워있다. 신빈이 분이이건 아니건 나는 신빈신씨한테 올 때마다 언제나 합장을 한다. 사랑했던 사람과 함께 있진 못했어도 자신이 낳은 큰아들을 가까이 두고 있으니 덜 외롭지 않겠나싶다.

자연과 인공의 조화
소쇄원

후에, 팔지도 말고, 어리석은 후손에게 물려주지도 말라는 양산보의 유언에 따라 원형이 그대로 남아있는 곳이기도 한 소쇄원은 광주 무등산 정기어린 북쪽, 빼어난 자연경관에 위치해 있다.

내가 처음 대면한 소쇄원은 한국 최고의 민간 정원이라고 하기에는 명성에 비해 좀 초라해 보인다. 1400여 평에 건축물과 조경이 그 자체로 자연과 인공의 절묘한 조화를 이룬다고 하는 곳이다. 조선 중종 때 선비인 소쇄공 양산보가 고향인 창암촌으로 내려와 지은 정원이다. 소쇄는 맑고 깨끗하다는 뜻이기도 하다.

우암 송시열의 글씨 '제월당' 이란 현판이 걸려 있다. 비개인 하늘의 상쾌한 달을 뜻하는 제월당은 당시 주인이 거처한 곳이라는데 작은 방 하나에 밖에서 땔 수 있는 아궁이가 있다. 고개를 숙여야 통과할 수 있는 아래 사랑채 '광풍각'으로 내려갔다. 마침 수필가이면서 사진작가인 장여사를 만났다. 이때다 싶어 마음에 드는 나무 사이로 고개를 디밀고 사진 한 장을 부탁했다. 광풍각은 비 갠 뒤 해가 뜨며 부는 청량한 바람의 뜻이 담겨있다. 손님이 주인을 기다리는 곳인 '대봉대'란 곳도 있다.

자연을 거스르지 않고 자연에 약간의 손질만 더하여 조화를 이루는 조선 시대 원림건축의 백미라는 소쇄원. 조선 시대 민간정원의 대표로서 계곡의 물이 흘러 다섯 번을 돌아내린다는 오곡문이 있는데 흐르는 물이 많다면 경치가 훨씬 좋을 것도 같다. 그런데 이날은 계곡 물도 적고 날씨도 무덥고 제월당, 광풍각, 대봉대 등의 건물까지 모두 썰렁해 보인다.

이상주의적 왕도정치를 급진적으로 구현하려던 조광조 등 신진 도학자들이 수구파인 남곤, 홍경주 등에 의해 숙청된 사건, 조선 시대 4대사화 중 마지막 기묘사화. 선비의 기상과 사림의 정신이 깃들어 있는 양산보의 스승인 조광조가 능주로 유배되고 사사되자 제자였던 처사 양산보가 벼슬을 버리고 자연 속에서 살기 위해 고향으로 내려와 이곳에 소쇄원을 지었다. 이후 이곳은 조선중기, 호남 사림문화를 이끈 인물의 교류처 역할을 하고 구심적 역할을 했다. 면앙 송순, 석천 임억령, 하서 김인후, 사촌 김윤제, 제봉 고경명, 송강 정철 등이 드나들면서 정치, 학문, 사상, 등을 논하던 곳이다. 근처엔 인가도 없고 산중인데 청빈한 선비들의 냄새가 물씬 풍긴다. 지금도 이런데 당시엔 얼마나 더 조용한 곳이었을까, 상상이 간다.

보수층인 훈구파는 우리가 잘 아는 '주초위왕(走肖爲王)'사건을 일으킨다. 임금이 다니는 길목, 나뭇잎에 꿀로 주초위왕이라고 써놓고 그걸 갉아먹으니 조씨가 왕이 된다, 는 모함으로 나는 이해하고 있다. 중종은 이것이 날조된 것이라는 걸 알고 있었을지도 모른다. 그러나 그는 훈구파의 집요한 탄핵에 진저리를 쳤으며 신진 사류의 급진적, 배타적인 태도에 염증을 느끼게 된다. 결국 조광조는 능주로 귀양 가서 생명이 날아가고 동조세력인 신진사류 시대는 막을 내리게 된다. 바로 이 사건이 기묘사화다. 그때나 지금이나 사상이 다르고 파가 다르면 상대를 중상모략 하는 정치판 습성은 고칠 수 없는 영원한 고질병인가 싶다.

그때 그 시절 선비들은 이제 모두 다 저세상으로 떠나고 그 선비들의 모임 장소였다는 소쇄원은 이젠 흔적만이 남아 있다. 캄캄한 밤엔 짐승소리와 물소리만 들릴 것 같은데 낮에 혼자 있기도 적적할 것 같다. 중국에 '졸정원'같은 호화스런 대규모를 상상하고 왔다면 크게 실망할 것 같다.

우리는 발길을 돌려 다시 그분들이 만들고 완성해놓은 글을 만나러 갔다. '한국가사문학관' 가사(歌辭)는 시조(時調)와 더불어 한국 고 시가의 대표적 장르이다. 전라남도 북쪽에 위치한 담양은 기름진 평야와 아름다운 자연, 그리고 수많은 문화유산을 보존 · 전승해 온 유서 깊은 고장이다. 대쪽같이 올곧은 선비 정신을 이어 받은 조선 시대 사림(士林)들은 불합리 하고 모순된 정치현실을 비판하고, 자신들의 큰 뜻을 이룰 수 없음을 한탄 하며 낙남(落南)하여, 무등산 정기 어린 이곳 담양 일원에 누(樓)와 정자(亭子)를 짓고 빼어난 자연 경관을 벗 삼아 시문을 지어 노래하였다. 이들은 수신과 후진 양성에 힘쓰다가 나라의 부름을 받아서는 충성하고, 국난이 있을 때에는 분연히 일어나 구국에도 앞장섰다. 그런 연유로 이곳 담양은 호남시단의 중요한 무대가 되었으며 한국가사문학 창작의 밑바탕이 되어 그 전통을 잇게 하고 있다.

조선 시대 한문이 주류를 이루던 때에 국문으로 시를 제작하였는데, 그 중에서도 가사문학이 크게 발전하여 꽃을 피웠다. 이서의 낙지가, 송순의 면앙정가, 정철의 성산별곡·관동별곡·사미인곡·속미인곡, 정식의 축산별곡, 남극엽의 향음주례가·충효가, 유도관의 경술가·사미인곡, 남석하의 백발가·초당춘수곡·사친곡 · 원유가, 정해정의 석촌별곡·민농가 및 작자 미상의 효자가 등 18편의 가사가 전승되고 있어 담양을 가사문학의 산실이라고 부른다.

'한국가사문학관'은 본관과 부속 건물인 자미정·세심정·산방 · 토산품점·전통찻집 등으로 꾸며져 관람객을 맞는다. 전시실은 세 곳으로 나뉘어져 있었다.

제 1전시관은 면앙 송순, 송강 정철에 관한 자료들이 대부분이다. 400년이 넘은 고서들을 대하니 내가 마치 그 시대에 서 있는 느낌이 든다. 내가 그동안 익히 들어왔던 그분들의 면앙정가라던가 사미인곡 같은 가사문학의 백미 때문만이 아니라 그 많은 자료들 때문이다. 많이 남아있는 목판이며, 그들의 친필 서적들, 옥배, 은배를 내놓은 후손들에게 존경심이 간다. 과연 그 후손다운 모습이라고 생각된다.

제 2전시관으로 갔다. 이곳에는 여인들의 규방가사가 많다. 언문으로 써져있었지만 한 줄을 제대로 읽어내려 가기가 힘들다. 나옹화상의 서왕가, 정극인의 상춘곡, 허난설헌의 규원가 등은 오래도록 들어왔던 것들이지만, 모르는 작품들도 제법 있었다. 제 3전시관은 임억령, 소쇄원을 만든 양산보의 작품이 전시되어 있었다.

자료실에 보관되어 있는 약 1만여 권의 가사 및 한국 문학 관련 책자는 가사작품 연구를 위하는 전국에 국문학도들의 필수코스였다. 가사문학관 개관을 기념하기 위해 매년 개최되는 가사시조 경연대회와 가사낭송대회는 '가사'라는 국문학 장르의 전국화에 크게 기여하였고 해를 거듭할수록 창작성 및 작품성이 뛰어난 창작물이 많이 배출되고 있다고 한다.

이곳의 해설사는 순 전라도사투리로 말이 무척 빠른 여성이었다. 고려시대부터 근대까지의 가사를 모두 줄줄 외우고 노래로, 또한 몸짓 손짓 발짓, 등 온몸으로 알기 쉽게 표현해가며 청중을 매료시켰다. 참 똑똑하고 야무진 모습에 모두는 넋을 잃고 빠져들었다. 그 능수능란하고 유창한 말솜씨로 만약 약장사를 한다면 매상이 많이 올라 담양군민들을 다 먹여 살릴 수 있을 것 같았다. 명강사의 강의는 시간 가는 줄도 몰랐다. 끝을 마칠 때는 기립박수가 터져 나왔다. 나는 같은 여자로 참 부럽기도 했다.

울릉도

물 폭탄을 맞은 울릉도, 터널 붕괴 소식 등이 연일 보도되고 있다. 1938년 울릉에서 기상관측을 시작한 이래 78년 만에 가장 많은 비로 기록, 주택 침수와 도로 파손 등 모두 28건에 37억 천여만 원의 재산피해가 났다고 한다. 복구하는 데는 100억 원이 넘게 들어갈 것이라고 한다.

얼마 전에 울릉도에 다녀온 나는 그저 안타까운 마음으로 바라볼 뿐이었다.

우리는 그날, 기다리고 기다렸던 2박3일 울릉도 여행 일정이 그만 비바람 때문에 1주일 뒤로 연기되고 말았다. 울릉도로 가는 길은 포항, 후포, 묵호, 강릉에서 출발하는 배편밖에 없다. 그래서 울릉도와 독도는 '하늘이 도와줘야 뱃길이 열리는' 곳이라고 한다.

드디어 일주일 뒤 강남문화원에서 한국사를 공부하고 있는 우리 일행은 강릉에서 출발하는 배를 타기위해 꼭두새벽 4시에 잠실역으로 모였다. 일행들 중에는 전날 밤 잠실역 인근 찜질방에서 지새운 사람도 있고 곤히 잠든 남편을 깨워 데려다달라고 부탁한 사람, 택시로 온 사람 등 암튼 4시를 넘긴 사람은 한명도 없었다. 나는 인근에 사는 아들이 데려다주었다.

국내든 해외든 여행하기위해 새벽4시에 모여보기는 내 일생 처음이다. 이것도 사는 즐거움 중에 하나려니 생각하고 추억하나를 만든 셈이다.

새벽 4시 정각, 강릉행 버스가 잠실에 도착해 차에 오르고 보니 어디에서부터 왔는지 우리가 마지막 손님인가보다. 만석이다. 어젯밤 모두 잠을 설쳐서인지 강릉까지 가는 동안 차안은 잠실이었다.

강릉에 도착하니 다행히 날씨가 참 좋았다. 승선하기 전에 모두 멀미약을 먹었어도 멀미하는 사람이 많았다. 심지어 바닥에 드러누워버린 사람도 있었다. 3시간 반 만에 울릉도에 도착했다.

날씨가 좋아 우리는 하선하자마자 점심만 먹고 곧장 독도행 배로 갈아탔다. 울릉도에서 출발한 배가 한 시간 반 만에 독도에 무사히 접안했다. 그동안 독도를 사진으로 영상으로 많이 보아왔기 때문에 독도는 눈에 몹시도 익숙했다. 가까이에서보니 우람하고 용맹스럽게 생긴 독도가 우리나라를 오래도록 든든하게 지켜주는 수호신처럼 느껴졌다.

독도는 우리를 반갑게 맞아주었다. 모두들 어린애들처럼 와~

좋다, 좋다, 를 큰소리로 외치며 기쁨의 눈물을 흘리는 사람도 많았다. 그곳에서는 20분간만 머무를 시간이 주어졌다. 20분 후에는 타고 왔던 배에 한사람도 빠짐없이 다시 승선해야한다.

독도를 올려다보고 서도를 바라다보고 바다를 보고 모두다 한마음 한뜻으로 애국자가 되어, 가지고 갔던 태극기를 들고 사진 찍고, 하니 벌써 주어진 시간이 끝나버렸다.

독도야 잘있거라, 두 손을 흔들며 안녕을 고하고 다시 울릉도로 돌아왔다. 그동안에도 멀미하는 사람들이 많았다. 나는 다행히 아무탈도 없었다.

울릉도 인구는 현재 1만 150여명, 1읍 2면 25리 체제로 독도는 독도리에 속해 있다. 울릉도에 대한 지명은 512년(지증왕 13)에 우산국에 대한 이야기로 처음 등장한다. 930년(태조 13) 우릉도(芋陵島), 덕종 때 우릉성(羽陵城), 인종 때 울릉도(蔚陵島) 등의 지명이 등장했다. 고려 때는 울릉도(鬱陵島)·우릉도(于陵島)·무릉도(武陵島) 등이 나온다. 일본은 울릉도를 죽도(竹島: 다케시마)라 하고 독도를 송도(松島: 마쓰시마)라고 하기도 하였으나 메이지 정권 전후에 울릉도를 마쓰시마, 독도를 다케시마라고 하였다.

경북 울릉군에 속한 화산암으로 이루어진 오각형 모양의 섬 울릉도는 신생대 화산활동으로 형성된 화산체인 현무암 · 조면암 · 응회암 등으로 이루어져 있다. 섬 전체가 화산체이므로 나리분지를 제외하면 평지가 없다. 한국에서 보기 드문 해양성 기후로 연

중 온화하다. 겨울에는 눈이 많이 내린다. 우리나라에서 가장 폭풍 일수가 많고, 강수량은 연중 고르게 나타난다.

이곳은 넓은 구화구에 신화구가 분출한 이중화산인데 울릉도에서 제일 높은 성인봉(聖人峯, 984미터)은 외륜산에 해당하고, 신화구인 알봉분지에는 중앙 화구인 알봉[卵峯, 538미터]이 있다. 현재 교육 기관으로는 초등학교 5개, 중학교 4개, 고등학교 1개교가 있다.

우리는 성인봉으로 가는 산 중턱 관모봉아래 문화원장의 별장에서 2박3일을 머무르기로 했다. 수시로 운해를 이루더니 산봉우리를 넘나드는 구름의 모습은 장관이었다. 렌트한 봉고차로 꼬불꼬불하고 좁은 비탈길, 외길터널 등을 가이드를 겸해서 운전을 아주 잘 하는 최원장님은 예술이었다.

울릉도는 3無(도둑, 공해, 뱀) 5多(물, 미인, 돌, 바람, 향나무)라고 한다.

울릉도 대표적인 먹을거리로는 호박엿이 있고 음식으로 따개비칼국수, 따개비밥이 있다. 우리는 이곳에 온 기념으로 따개비칼국수를 먹었다. 맛이 참 좋았다. 따개비는 해안의 바위, 말뚝 등 딱딱하고 고정된 곳이면 집단으로 붙어사는 부착생물 이다. 전복처럼 생겼는데 아주 작다. 마치 제첩국에 들어있는 제첩정도의 알갱이다.

울릉도 주민들은 야생식물의 대부분을 나물로, 또는 약초로 쓴다고 하는 것이 특징이다. 하지만, 이들 중에도 특정식물은 먹으면 큰일 나는 것도 있으니 함부로 먹는 것은 절대 금물이란다.

이곳의 소들은 대부분 방목을 하여 들판에서 맘껏 이런 풀을 뜯어먹고 자란다고 하여 '약소'라고 부르기도 한다. 약소의 고기 색깔은 일반 한우에 비해 약간 검은 색깔을 띠고 있는데 육지 한우에 비해 2배 정도 비싼 것이 특징이다. 우리는 이 비싼 고기를 사다가 배불리 먹었다. 부드럽고 맛있어서 질리도록 실컷 먹었다.

육지에서 별로 나물로 쓰지 않는 것들도 울릉도에서는 나물로 먹으면서 밭에서 재배하는 모습을 종종 볼 수 있는데 이 모든 것이 식탁에 올라와서 먹어 보면 그런대로 맛이 있고 먹을 만한 것들이 꽤 많다. 이를테면 부지깽이나물이나 엉겅퀴, 참고비 종류들이 대표라 할 수 있다. 이중 가장 인기가 높고 많이 먹는 것은 해발 700미터 이상의 고산지대와 울릉도 전역에서 자생하고 있는 '명이'였다. 우리말 이름의 표준어로는 산마늘이다.

섬쑥부쟁이는 부지깽이나물이라 불렀고 울릉 미역취는 '취나물' 또는 '미역취'라 부르고, 물엉겅퀴(섬엉겅퀴)를 엉겅퀴나물, 눈개승마를 삼나물, 섬고사리를 참고비, 섬더덕을 더덕, 독활을 '땅두릅'이라 하여 나물로 장아찌로 담아 즐겨 먹고 팔기도 했다.

나리분지 쪽에서는 산마늘, 섬쑥부쟁이, 물엉겅퀴, 눈개승마, 섬고사리, 섬더덕을 밭에서 대량 재배하는 모습도 눈에 많이 띄었다. 또 울릉군 북면 현포리에는 오래전부터 바다와 파도, 흙과 바람의 친구가 되어 살고 있는 우리가 익히 잘 알고 있는 가수 이장희 씨가 더덕농사를 지으며 살고 있었다. 70년대 청년문화의 상징이자 통기타시대의 주역, 이장희 씨는 싱어송라이터이자 디제이로도 활동했고 폭넓은 사랑을 받은 가수 겸 작곡가이다. 80년대에 미국으로 건너가 라디오 코리아 사장을 거쳐 LA '라디오 코리아' 그룹 대표이자 여행가로 또 다른 삶을 살고 있는 그는 1년 중 2~3달을 여행지에서 보낸다. 세계를 돌던 그가 발길을 멈춘 곳은 한국의 작은 섬 울릉도였다.

이장희씨집 이름이 '울릉천국'이다. 집 앞에 펼쳐진 3천여 평의 땅과 병풍처럼 둘러쳐진 산에 우뚝 솟아있는 큰 바위가 장관이었다. 이장희 씨는 그 바위에 반해 울릉천국을 짓게 되었다 한다. 왜 울릉천국인가? 알고 봤더니 교회 위에 자기 집이 있어 그 교회보다 위라고 해서 천국이라고 한다.

울릉천국이란 글씨가 새겨진 비석을 가운데로 쎄시봉멤버들 조영남, 윤형주, 송창식 등의 사인이 새겨진 바위들이 잔디밭 동산 여러 곳에 흩어져 누워있었다. 마치 기타를 메고 둘러앉아 노래를 하고 있는 것 같았다.

2박3일의 여정을 마치고 다시 강릉행 길에서는 바다가 잔잔하여 단한사람도 멀미하는 이가 없었다. 잠실에 도착하니 새벽1시였다.

극기도사

가슴 아픈 전쟁피해자의 이야기가 남아있는 곳 괌. 요코이 동굴(Yokoi's Cave)에 갔다. 괌과 사이판은 세계2차 대전 때 일본이 미국이랑 끝까지 싸우던 섬이었다. 서태평양의 미국령 섬인 괌은 관광 명소이자 전략적 요충지다. 괌은 1521년 마젤란이 발견한 이후 300년 넘게 스페인의 지배 아래 있다가 미국과 스페인의 전쟁에서 미국이 승리함에 따라 1898년 미국의 영토가 되었다. 제2차 세계대전 중 동남아시아의 전진기지로 일본군이 점령하였으나 미군의 집요한 탈환작전으로 이 작은 섬은 피바다를 이룬다.

1944년, 미군과 일본군이 이곳에서 접전을 벌일 때 괌에 파병된 일본군 병장이었던 쇼이치 요코이는 당시 동료들과 함께 부대에서 낙오됐다. 대나무숲 밑에 굴을 파고 전쟁이 끝난 지도 모른 채 정글에서 30년 가까운 세월을 보낸 그는 1972년 우연히 원주민에 의해 로빈슨 크루소 같은 몰골로 발견되었다.

전세가 기울기 시작한 1944년 봄. 요코이는 괌 섬을 사수하기 위하여 '천황 폐하'로부터 하사받은 총과 칼을 들고 파병되었지만 이미 때가 늦은 뒤였다. 태평양의 제해권과 제공권은 완전히 미군에게 넘어가고 서남태평양의 작은 외딴섬, 괌에서 단말마의 발악을 하던 일본군은 보급선마저 끊긴다. 중화기(重火器)를 앞세운 미군이 상륙하여 무차별 포격을 가하자 도저히 전세를 역전시킬 수 없음을 깨달은 총사령관 고바다 중장이 그 해 8월 11일 할복자살한다. 남은 5천여 명의 일본군 역시 독약을 탄 우물물을 마시고 자살했다. 일본군의 시체 썩는 악취가 온 섬을 뒤덮었다.

요코이는 2차 세계대전이 본격화된 41년 일본군에 징집됐다. 그전까지는 아이치현 사오리에서 양복점 수습으로 일했다. 중국 만주와 서태평양의 마리아나 제도를 거쳐 괌에는 43년에 왔다. 이듬해 미국이 괌을 재점령하자 요코이를 포함한 10명의 병사는 정글 깊숙이 퇴각했다. 7명은 일찌감치 어디론가 흩어졌지만 나머지 세 명은 서로의 은신처를 오가며 교류를 이어갔다. 그러나 64년 두 병사가 굶주림으로 사망해 요코이 혼자 남았다.

그는 놀라운 생존력으로 정글에서 살아남았다. 그는 구멍을 내어 동굴을 팠고, 대나무로 은밀한 출입구를 만들고 사다리를 만들어 타고 내려와 사다리 반대편으론 대나무 세 개를 엮어놓고 그 밑에 화장실을 만들었다. 그 안에 생활에 필요한 많은 도구들과 불 기구를 설치했다. 식사로는 야자, 망고, 코코넛, 타로, 파파야, 별사과, 산딸기, 바나나 등 야생과일을 따먹고 야자나무 섬유질로 꼰 노끈과 나뭇가지로 통발을 만들어 강에서 게와 새우, 새우미끼로 뱀장어를 잡아먹고 달팽이, 쥐, 장어, 비둘기, 야생 돼지, 등을 날것으로 또는 동굴내 화덕에서 화식을 하곤 했다. 쥐까지 닥치는 대로 잡아먹었다. 나뭇가지를 비벼 불씨를 피워서 물을 끓여 마시기도 했다. 나뭇가지를 두드려 얇게 편 조각을 꿰매 바지와 셔츠를 만들었고, 야자나무를 꺾어 땅속에 묻어두면 육질은 썩고 섬유질만 남아 그 섬유질로 천을 짜서 아랫도리를 감으며 손전등의 플라스틱을 돌에 갈아 단추도 만들어 끼웠다. 동굴 밖 대나무밭 아래쪽에 시냇물을 막아놓아 목욕을 하루에 3번 했다. 또 보름달을 기준하여 나뭇등걸에 날짜를 표시하여 달력으로 사용하며 짐승 같은 모습으로 목숨을 이어갔다.

그는 그렇게 정글 속에 은신하며 비탈진 대나무밭 속에 사람 몸통이 겨우 들어갈 만한 굴을 수직으로 1m쯤 파내려가서 다시 수평으로 2m쯤 뚫어 'ㄴ'자형 동굴을 만든 뒤 바닥에는 마른 풀을 깔고 입구는 나뭇가지를 덮어 위장했다.

패전국 일본은 미국에 고개 숙여 잿더미 위에서 일어서고 한국전쟁을 틈타 세계의 부국으로 다시 떵떵거리며 국제사회를 휘젓게 된다. 그동안 요코이는 아무 것도 모른 채 태평양 작은 외딴섬 정글 속에서 개머리판은 삭아 없어지고 총구는 발갛게 녹이 슨 천황 폐하의 하사품을 든 채 혼자만의 전쟁으로 꽃다운 청춘 28년을 속절없이 흘려보낸 것이다.

1972년 1월 24일 괌(GUAM)의 원주민 가르시아와 그의 처남이 탈로포포에 있는 집에서 그리 멀지 않은 정글 속으로 사냥을 하던 중 넝쿨 속으로 몸을 숨기는 짐승을 발견하고 조심조심 그곳으로 접근했다. 넝쿨 속에 숨은 짐승이 그렇게 민첩하지 않다는 걸 알아채고 그 짐승을 생포하기로 작전을 바꿔 겨누었던 총을 거두었다. 양쪽에서 낮은 포복으로 넝쿨까지 협공하여 짐승을 덮친 그들은 놀라 나자빠졌다. 생포된 것은 짐승이 아니라 두 발로 일어서는 인간이었던 것이다.

피골이 상접한 미라 같은 몰골에 새집처럼 헝클어진 머리, 털북숭이 얼굴, 3일 밤을 새운 노름꾼처럼 쑥 들어간 두 눈은 공포에 질려 있었다. 마대 같은 천 조각으로 아랫도리만 겨우 가린 채 태아처럼 쪼그리고 앉은 그 사람은 일본군 낙오병 요코이. 이들은 그를 농장으로 데리고 와서 먹을 것을 주고 마을의 행정관소로 데리고 갔다. 탈로포포 마을의 행정관이었던 로만 퀴니타는 괌 경찰국에 보고를 했다. 패잔병은 약 167㎝의 키에 창백하고 쇠약해 보였으며, 헝클어진 머리는 등 뒤로 넘겨져 있었고, 맨발에 바지와 셔츠는 아주 더러운 것을 입고 있었는데, 외견상으로는 남자일 것이라고 표현했다.

경찰서에서 조사를 받는 동안 그는 자기 이름이 '쇼이치 요코이'이고 58세이며, 일본 나고야의 아이치 현 출신이라고 말했다. 또한 1941년 나고야에서 징병되었으며, 1943년 마리아나 제도의 제 38보명 연대로 전출되기 전까지 1941년부터 만추리아에 있는 제29보병 사단에서 근무했다고 말했다. 이때 일부는 사이판으로 갔고, 나머지는 1944년 괌으로 오게 되었다고 했다. 그는 결혼을 하지 않았으며 '신타쿠라'라는 여러 친척들의 이름을 건네주었다. 그러면서 아직도 일본에 그들이 살아 있기를 기대하고 있었다. 괌에 도착했을 때 병참에 근무했다. 요코이는 전쟁이 20년 동안 계속되고 있었던 것으로 알고 있었다. 그래서 그는 어둠의 밖으로 나오는 것을 두려워하였단다.

며칠 후 요코이는 일본으로 귀국해 휠체어를 타고 헝클어진 머리로 일제 소총을 지참하고 회견장에 나타났다. 그리고 추울 이유가 전혀 없는데도 몸을 벌벌 떨었다. 그는 귀국 인사로 '천황만세'를 외치며 '군인으로서 신명을 다하지 못했음을 사과한다.'고 말했다. 이어서 그는 "우리 일본군은 살아서 생포되는 치욕보다 죽음을 택한다. 나의 경우 일본 군인으로서의 생존이었지 개인적인 치욕적인 삶의 유지는 아니었다는 게 나의 신념이다."라고 말했다. 살아 돌아와서 몹시 당황스럽습니다, 라는 그의 귀국 인사는 빠른 속도로 일본 전역으로 전파됐다. 사실 요코이는 52년께 정글에서 일본 패전을 알리는 전단을 봤다. 그러나 '산 채 포로가 되느니 차라리 죽어라'는 일본군 훈령이 두려웠던 그는 정글에서 야인으로 사는 쪽을 택했다.

당시 우리나라에도 소개되었고 전 세계적으로 소개되었던 요코이(Yokoi)는 나중에 결혼을 해서 허니문으로 괌을 다시 찾기도 했다고 한다.

요코이는 97년 심장마비로 세상을 떠나기 전까지 텔레비전 스타 겸 '소박한 삶의 전도사'로 살았다. 괌의 탈로포포 폭포 리조트에는 요코이의 땅굴을 재현해 놓은 모형이 만들어져 있다. 지금은 그 요코이동굴이 인기 관광코스 중 하나다.

우리 일행도 한국인이 운영하고 있는 두 대의 케이블카를 타고 갔다. 모기가 엄청나게 많아 모기퇴치용으로 피워놓은 모깃불연기에 눈이 매웠다. 모기는 그 연기 속을 뚫고 와서 물었다. 요코이 동굴까지 걸어가는 도중에도 모기들이 청바지를 뚫고 벌집처럼 쏘아댔다.

괌에서는 1960년에도 두 명의 일본군 낙오병이 미군 수색대에 의해 발견된 사실이 있었으며 당시 이들에 대한 조사결과를 바탕으로 일본 후생성 수사국은 더 이상 일본군 생존자가 괌에는 존재하지 않는 것으로 단정, 요코이를 사망 처리, 호적에서 제적처분 시킨 바 있다. 그러다가 괌에서 일본군이 발견 되었다는 소식에 일본기자들과 1960년 발견된 두 옛전우가 앞 다퉈 요꼬이가 수용되어 있는 괌의 메모리얼 병원으로 달려갔고, 현대판 로빈슨 크로소의 동굴 생활이 알려지기 시작했다.

정글생활 28년 만에 문명사회로 돌아 온 요코이. 체포 후 그의 첫 마디는

"루스벨트는 죽었냐?"였다. 우리가 갔을 때는 안에 물이 차 있어 입구 뚜껑만 보았다. 이 많은 모기떼를 어떻게 28년 동안이나 견뎌냈을까? 가 나는, 제일 궁금했다. 그는 정말 극기도사였다.

안내판에서 사진과 함께 그림으로 설명이 자세하게 되어 있었다.

마침 우리 옆에 나이 지긋한 일본인 관광객은 그곳을 신성시하고 눈물을 흘리고 있었다.

그가, 손과 원시적인 도구로 판 땅굴 은신처는 바로 앞에서도 분별하기 힘들 만큼 감쪽같았다. 긴 대나무 사다리를 내려서 땅굴에 들어가면 한 사람이 간신히 쪼그리고 앉아 있을 만한 공간이 나왔다. 나름대로 불을 피울 수 있는 부엌, 강물에 흘려보내도록 설계된 화장실도 있었다. 요코이는 낮엔 땅굴 안에 은신해 있다가 밤에만 나와 먹을거리를 구하러 다녔다. 빗방울은 막되, 공기는 통할 수 있도록 제작. 60cm 정도 넓이의 입구를 통해 대나무로 만든 사다리를 통해 내려가면 15년간 취사 자취의 흔적인 화덕과 굴뚝이 시커멓게 그을어 있단다. 깊이 2m, 호의 길이는 약 4m 로 무릎을 꿇고 기어 다녀야 할 규모였지만 선반과 광이 구비되어 있다. 선반, 화덕, 냄비, 연료용 야자열매 그리고 이부자리 대신 하얗게 건조시킨 대나무껍질 들이 가지런히 놓여 있고 각종 도구로는 손도끼, 가위, 스픈, 주전자, 군용밥통, 수통, 촛대, 철모 및 휴대용 철제 탄약통 접시, 주머니칼, 불 켜는 나무(참나무로 깎아서 서로 마찰시켜 불을 일으킴), 뱀장어구이용 대꼬챙이 36개, 뱀장어나 새우 잡이용 대강 4개 등 많은 살림도구와 수렵채취용 도구, 원래 소지했던 군인용 장비무기가 있었다.

그래 괌이 얼마나 살기 좋은 나라인지 요코이를 통해 알게 됐다. 사시사철 더우므로 옷 걱정 없고 과일이랑 물고기랑 먹을 것

많아 그 오랜 세월을 견뎌내지 않았을까.

요꼬이의 체포 소식이 있은 직후, 일본열도는 열광하며 일약 그를 '영웅'으로 받들며 일본국민들은 그의 즉각적 귀국과 숱한 선물과 어마어마한 돈 그리고 직업 알선, 공개 구혼 등이 쏟아졌다. 그러나 일각에서는 불만의 목소리도 있었다. 제2차 세계대전으로 수많은 일본 군인이 집으로 돌아오지 못했는데, 왜 이 한사람에게만 온통 관심이 집중되어야만 하는 볼멘 목소리도 있었다. 일부에서는 그가 진정한 군인이었다면 괌 함락 당시 대다수 일본군들이 보여준 옥쇄자살을 왜 택하지 않았느냐고 반문하기도 했다. 이후 요꼬이는 일본군인의 영웅으로서 국민과 정부가 마련해 준 집에서 청혼한 여성과 결혼하여 경제적으로 여유 있는 삶을 살아갔다.

일본의 제2차 세계대전은 서구의 제국침략주의를 그대로 답습한 반인륜적이며 천인 공로할 전쟁범죄의 역사적 사건이다. 지금도 일본 극우세력들은 요꼬이가 보여준 것과 같이 전쟁은 아직도 끝나지 않았다며 천황만세를 수시로 외쳐 대고 있다. 대동아공영, 세계 제패의 꿈을, 한반도, 아시아 더 나아가 세계를 향해, 침략과 식민의 기억을 잊지 않고, 또 다른 더 많은 요꼬이를 받들며 그 시절을 그리워하고 있는 것이다.

수십 년 만에 다시 밟은 고국 땅에서 요코이는 "부끄럽게도 살아 돌아왔습니다."라고 말해 일본 군국주의자들을 열광케 했지만, 곧이어 요코이의 행적이 적나라하게 밝혀지며 그의 처지는 오욕으로 뒤덮인다. 그는 조국을 배반하고 천황의 어명을 어기며 탈영, 자신의 목숨을 부지한 비겁자로 낙인찍힌다. 요코이는 자신을 비추던 스포트라이트 밖으로 사라진 후 1997년 조그만 자택에서 쓸쓸히 숨을 거두었다.

일본군 2만5,000여 명이 피를 뿌리고 죽어간 괌은 지금 어떻게 변했는가. 남태평양 코발트색 바다가 잔잔한 파도를 몰고 와 산호초 해안에 흰 파문을 그리고, 야자수가 우거진 그림 같은 해변에 일본은 또다시 상륙작전을 펼친다. 총칼 대신 콧대 센 엔화로 무차별 포격을 가해, 괌의 해변은 하늘을 찌를 듯이 올라간 일본 자본의 호텔들이 숲을 이룬다. 여기에 일본 관광객들이 떼 지어 몰려와 가라오케로 밤을 지새운다.

괌은 영어가 공용어지만 일본어가 열병처럼 퍼져 황금시간대에는 일본 사무라이 극이 TV를 점령한다. 거리에는 일본어 간판이 즐비하고, 일본어 학원이 문전성시를 이루며 입국카드엔 영어와 일본어가 나란히 박혔다. 호텔 뷔페엔 스시와 밥과 된장국이 빠지지 않고, 거리엔 토요타가 넘치며 라디오에선 일본 유행가가 쉼 없이 흐른다. 전체 인구 14만 명 가운데 70%가 원주민인 차모로인 들이지만 차모로 고유의 말은 사라진 지 오래다.

괌까지 우리나라에서 비행기로 4시간 반, 필리핀에선 3시간 반, 괌에서 오스트레일리아에까지는 4시간 40분 하와이까지는 7시간, 다시 하와이에서 미국(L. A)까지는 5시간 걸린다.

스페인과 미국, 일본, 필리핀, 중국 피가 섞여 두루뭉술하게 살아가는 이 섬에 놀랍게도 한국인이 7,000여 명으로 인구의 5%를 점하고 있다. 대부분 미국에서 건너온 교포들이다. 귀에 익은 우리나라 노래가 흘러나오는 곳을 보면 아리랑 전자상회가 자리 잡고 있고 부산횟집이 있다. 피를 뿌렸던 전쟁의 흔적들은 이제 관광객의 흥미를 자아내는 명소로 탈바꿈해 있다.

대마도(쓰시마)

3개월 전부터 대마도 여행을 예약해놓고 출발 당일 날씨가 좋기만을 기대하고 있었다. 서울에서 일단 부산까지 내려가야 하기 때문에 우리는 수서역에서 SRT를 타고 부산역으로 가기로 했다. 그런데 부산에서의 승선시간 때문에 교통편이 갑자기 관광버스로 변경되었다.

새벽 1시 반, 20명이 모여야 하는데 한사람이 나타나지 않는 것이다. 알고 보니 날짜가 헷갈려 깜박 잠들어 있었다는 것이다. 미안한 마음에 여행을 포기하겠다고 그냥 떠나라는 것을 여러 사람의 배려전화로 부랴부랴 준비하고 달려 나와 결국 30분 늦게 출발했다.

대마도하면 나는 우선 대마도(쓰시마) 번주 가문의 당주 백작소 다케유키와 정략 결혼한 덕혜옹주와 의병을 일으켰다고 볼모로 잡혀가 대마도에서 굶어죽은 충신 최익현이 생각난다.

얼마 전 나는 남양주시 금곡동의 홍유릉 부속림에 안장되어있는 덕혜옹주 묘에 다녀왔다. 그동안 비공개지역이었는데 2016년 9월 추석 무렵 사진전과 함께 임시개방을 해서 마침 탐방기회를 얻었다.

덕혜옹주는 고종의 환갑에 귀인양씨 사이에서 태어난 고명딸이다. 일본으로 끌려가 19세에 마음에도 없는 사람과 결혼을 하고 살면서 딸 하나를 낳고 그곳에서 38년 동안이나 한국에선 잊혀진 여인으로 살았다. 우여곡절 끝에 1961년에 귀국하여 그때부터 27년 동안 정신병원(조현병) 치료를 받아가며 창덕궁 낙선재에서 살았다. 그러던 중 88올림픽을 치른 다음해 78세로 죽음을 맞았다.

대마도는 한반도와 규슈 사이의 대한해협 중간에 있는 일본의 섬이다. 상, 하의 두 섬으로 이루어져 있어 부산에서 대마도를 볼 때 두 마리의 말이 마주보고 있다고 해서 지명이 대마(對馬)라고 불리어졌다고 한다.

한반도와의 거리는 약 49.5km이다. 섬은 뉴질랜드처럼 생겨 남북으로82km, 동서로 18km이다. 넓이는 제주도의 약 40%정도이며 인구는 일제강점기 때에는 9만여 명에 이를 정도였는데 제2차 세계대전 종전이후 한국과의 교류가 끊기면서 해마다 줄어 지금은 3만2천여 명으로까지 줄었다. 농경지는 전면적의 3%정도이며 대부분이 척박한 산악지형이다. 고등학교는 3개, 대학은 없다. 관광업이 번성하여 우리나라 이외에 일본, 중국 등에서 많은 관광객이 방문한다.

대마도는 대한민국에서 가장 가까운 외국 영토로 부산항여객터미널에서 배로 약 1시간 10분이면 히타카츠항에 도착하고 이즈하라항까지는 2시간정도 걸린다. 사실 울릉도보다 가깝고 제주도 보다 더 가깝다.

대마도는 역사상 한국과 일본 사이의 중계지로서 중요한 역할을 했다. 토지가 적고 척박하여 식량을 외부에서 충당해야 하므로 고려 말부터 우리와는 밀접한 관계를 유지하며 조공(朝貢)으로의 형식을 취하여 그 대가로 미곡(米穀)을 받아갔으며 조정에서도 그들을 회유하기 위하여 대마도를 우대하여 주었다.

총각, 지게, 쓰총(쓰시마 총각), 삿총(삿포로 총각), 친구, 파다, 등 지금도 300개가 넘는 한국 단어들을 쓰고 있단다. 이는 우리 민족이 기원전 3세기~2세기의 500년과 조선 시대 때 조선인 약 2만여 명이 대마도에 오랫동안 살았다는 증거라 생각할 수 있다. 대마도는 분명히 일본 땅이지만 마치 우리 땅을 일본이 관리하고 있는 느낌이 들었다.

일제강점기 때까지도 한국인이 2만여 명이나 살았다는데 지금은 600여명에 지나지 않는다. 1999년부터 부산에서 대마도간 정기여객선이 취항한 이후 한국인 관광객이 급증하여 한 해 동안 약 2만5300명 정도가 대마도를 찾는다고 한다. 그래서 파도가 높아 부산항에서 출발하는 여객선이 뜨지 않으면 대마도의 주요 호텔과 음식점들은 텅 빈다고 한다.

조선 시대 때도 대마도엔 주기적으로 '조선 붐'이 일어 관료, 학자, 통역관, 악대 등 500여명으로 구성된 대규모 문화사절단인 '조선통신사' 행렬이 지나갈 때면 대마도는 후끈 달아올랐다고 한다. 지금도 대마도엔 1607년부터 1811년까지 200여 년 동안 12차례에 걸쳐 파견된 조선통신사의 족적이 곳곳에 남아 있다. 절이나 관공서 곳곳에 '조선통신사가 묵었던 곳'이라는 대리석 표지판이 세워져 있는 것을 볼 수가 있다. 또 매년 8월 첫째 일요일에 조선통신사의 행렬을 재연하는 '아리랑 마쯔리'가 열리고 있다. 이때 대마도 주민들은 한복으로 갈아입고 조선통신사 행렬에 참가하고 있으며 주로 부산 동래구청장이나 구의회의장이 초청돼 조선통신사의 정사(正使)가 타던 가마에 타며 그 호위는 대마도에 진주해 있는 육상자위대와 해상자위대의 대장이 맡는다 한다.

'대마도역사민속자료관'에 전시된 유물 중 조선왕실의 관직 임명장인 고신(告身 · 고쿠신)이 있다. 조선 왕실에서 대마도의 수직왜인(受職倭人)에게 벼슬을 내리면서 준 임명장을 '고신'이라 한다. 그것은 바로 대마도가 조선의 정치체제에 예속돼 있었음을 보여주는 확실한 증거가 아니겠는가. 이를 받은 사람들을 수직왜인(受職倭人)이라 했다. 자세히 보면 '한국 국사편찬위원회 소장'이라고 쓰여 있다.

“대마도에 일본 사람만 있었던 것은 아니며 한국과 중국 출신도 많았다. 고신은 한국 출신으로서 조선왕조의 스파이 역할을 하다가 공을 인정받은 사람들이 받은 것이다”라고 관계자는 어색하게 설명을 해주고 있다.

리아스식 해안으로 둘러싸여 호수처럼 잔잔한 아사우(淺海)만이란 곳이 있다. 요즘 한일 양국의 프로 낚시꾼들이 즐겨 찾는 유명한 낚시터이다. 오랜 기간 왜구의 소굴이었던 천혜의 요새다. 조선 태종때 이종무 장군도 아사우만 일대에 한 달간 머물며 왜구를 소탕했단다. 이 일대에는 667년에 백제 유민들이 나당연합군의 침공에 대비해 쌓은 백제식 산성인 ‘가나다노기’(金田城)가 있는데 백제와의 인연은 13세기 중엽까지 대마도를 지배했던 ‘아비류’(阿比留) 씨 가문의 혈통에서도 더듬어 볼 수 있다. ‘아비류’는 아사달, 아직기, 아사녀, 비류백제 등과 어원이 같은 백제 계통의 성씨인 것으로 추측되기 때문이다. 15세기 대마도를 통치한 관청이었던 ‘엔쓰지’(圓通寺) 내의 조선 범종 역시 태극의 팔괘와 비천상 무늬가 확연히 새겨진 우리나라 범종임을 한눈에 알 수 있다.

대마도에는 한국 바람이 불어 2014년도에 시로 승격, 산을 깎고 온천과 골프장 등을 개발하는 공사가 한창이다. 이것은 더 많은 한국 사람들을 끌어들이려는 의지인 것 같다. 대마도가 속해 있는 나가사키(長崎)현은 정부에 ‘대마도 특별구’ 법안을 제출하여 이를 승인받아 시행하고 있는데 그 법안에는 대마도를 찾는 한국 관광객에 한해서는 비자 면제, 섬 내 토지이용 및 취득 규제 완화, 한국어 교육 확대 등의 정책이 포함돼 있다 한다. 실제로 몇 년 전부터 모든 한국인에게 비자를 면제해주고 있다. 또한 대마도고교 국제교류과 학생들은 졸업학점(25학점) 중 한국어 5학점을 필수과목으로 이수하도록 돼 있단다. 그리고 미쓰(美津) 지역 현수막엔 일본어와 한국어로, 대마도의 토지와 건물을 한국의 모든 분들이 구입하실 수 있다는 것과 토지와 건물의 판매 가격까지 적혀있다. 안내 전화로 물어보면 일본인 부동산업자는 "한국의 주민등록증만 제시하면 살 수 있고 등기도 가능하다"라고 대답해준다. 대마도 시청의 총무기획부장도 이 같은 사실을 확인해 주면서 "50km 떨어진 부산엔 400만~500만 명이 살고 있는데 150km 떨어진 후쿠오카의 인구는 200만 명에 불과하다며 눈앞에 좋은 시장이 있는데 왜 한국과 교류하지 않겠는가"라고 덧붙이고 있다.

이처럼 대마도는 우리를 유혹하고 있었다. 대마도는 예부터 부산에서는 이웃집 다녀오듯 하는 곳이어서인지 이날도 한국에서 가족들과 함께 와 캠핑도 하고 낚시, 자전거 하이킹도 하고 있었다.

대마도의 강남이라 할 수 있는 '이즈하라'는 대마도 역사와 문화의 중심지이자 쓰시마 시청이 소재해 있다. 이곳에 대마도 인구 3분의 1 정도가 모여 살고 있다. 그리고 1400년 전 백제의 비구니 법묘 스님이 창건했다는 아주 작고 소박한 수선사(슈젠지)란 절이 있다. 이 절은 한국인 관광객이 대부분 찾는데 그 이유는 면암 최익현 선생 순국비가 있기 때문이다. 1905년 을사늑약이 맺어지자 면암은 무려 73세의 나이로 의병을 일으켜 일본군과 싸웠다. 그러나 일본군에게 곧 체포돼 이곳 이즈하라로 유배되었다. 일본은 면암에게 단발을 요구했고 면암은 단식으로 맞서다가 결국 순국했다. 유해를 부산으로 송환할 때 장례행렬이 이 절에 들러서 갔는데 절 안에 면암의 영정이 모셔져 있다 한다. 현재 이 절은 주로 납골당으로 쓰이고 있으며 절 맞은편에 나무 한 그루가 서 있는데 나무 이름이 남천나무라 한다. 남천나무는 일본인들이 가장 좋아하는 나무이며 일식 도시락에 장식으로 들어 있는 나뭇잎이 바로 이 남천나뭇잎이라 한다. 이 나무는 창건 당시 법묘 스님이 백제에서 가져와 심었다고 하는데 지금은 일본 전역에 널리 퍼져 있어 일본 사람들은 일본이 원산지로 알고 있단다.

아무리 가까워도 일본은 여권이 필요한 외국이다.

대마도는 그동안 나에게 너무나도 익숙한 이름이었지만 여행지로서의 대마도는 생소했다. 대마도 최북단이라 할 수 있는 한국전망대에 올랐다. 날씨가 좋을 때는 부산이 보인다는데 이날도 부산이 보인다고 하는 사람도 있었는데 내 눈에는 왠지 보이지 않았다.

한국전망대 옆에 '조선국역관사수난비'가 세워져 있었다.

1703년 음력 2월 5일 아침, 부산항을 출항한 배 3척이 있었다. 정사 한천석, 부사 박세양을 비롯한 108명의 역관사(통역관) 일행이 탄 사선과 쓰시마번의 책임자 야마가와 사쿠자에몬이 방문을 위해 보내준 자신의 배와 예인선이었다. 출항 당시에는 날씨가 좋아 순풍을 타고 순조롭게 항해를 하고 있었으나 정오가 지난 후 기상이 급변하여 3척 모두 좌초되어 침몰하고 말았다. 사고가 나자 당시 쓰시마번과 마을 사람이 구조와 수색작업을 벌였으나 생존자는 단 한 명도 없었다. 도착지가 바로 눈앞에 보이는 와니우라 앞바다에서 전원이 사망하는 비참한 해난사고가 발생한 것이다. 그로부터 380여 년 뒤인 1991년 3월 20일 한일건립위원회가 이국의 바다에서 생을 마감한 역관사들의 영혼을 달래기 위해 멀리 한국이 보이고 조난 현장이 내려다보이는 언덕에 추모비를 세웠다. 나는 순간 2014년 4월 16일 303명이 희생된 세월호 참사가 연상되어 마음이 숙연해졌다. 묵념을 올리고 한국 동전을 놓아두었다.

에메랄드빛 해변과 고운 입자의 천연 모래가 있는 아름다운 미우다 해수욕장이 있는 곳에서는 한국인 자매가 이동차 안에서 커피를 팔고 있었다. 이용고객들도 거의 한국 관광객들이었다. 대마도는 이즈하라마치, 미쓰시마마치, 도요타마마치, 미네마치, 가미쓰시마마치, 그리고 가미아가타마치 등 모두 6곳의 지역으로 나누어져 있어 어쩌면 1박 2일로도 충분할 것 같다. 그러나 우리는 2박 3일의 여행이었기에 여유롭게 관광을 즐길 수 있었다.

김형

장조카와 함께 광주광역시 광산구 하남동 71번지에 있는 김봉호 가옥에 간다. 김봉호가옥은 광주시 문화재자료 제25호로 지정된 전형적인 농촌 가옥이다.

20여 가구의 마을 뒤로 아름드리 소나무숲을 병풍처럼 두른 '경암(景岩)' 마을. 말 그대로 '빛바위'라고 불리는 작은 마을이 있었다. 내가 맨 처음 이 마을에 이 집을 본 때는 초등학교 4, 5학년쯤이었다. 우리 반에 나와 동갑인 공부 잘하는 남자아이가 있었다. 이름이 특이해서 담임선생님이 '김형'하고 출석을 부르면 모두 까르르 웃곤 했다.

형이네와 우리 가족은 예전부터 아주 가깝게 지내는 사이였다. 형이 할아버지 김기상 어르신과 우리 할아버지는 나란히 광주향교에 출입하셨고, 김봉호 형이 아버지, 모두 대를 이어 호형호제로 살았다. 우리 아버지 살아계실 때는 봉호 씨 부부가 3만여 평의 산과 과수원, 탱자나무울타리, 집안에 연못이 있는 등 분위기가 비슷한 우리 집에 자주 오셨다.

2004년 하남택지 조성으로 우리 집은 물론이고 하남면 전체 마을이 사그리 없어져버렸다. 누가 봐도 이 문화재가 농가 주택이었다고 느낄 수 없도록 주변에 아파트와 단독주택이 많아 마치 고가가 포위된 느낌이다. 가옥의 뒤쪽에 근린공원이 없었다면 더욱 이 고풍스러움은 흔적이 없을 것이다.

고재유 광주시장 시절 하남공단이 개발되면서 5대가 살던 이 집이 헐리게 되자 봉호 씨는 마지막으로 시장을 찾아가 하소연을 했다. 그 이후 문화재위원의 '본체 전체에 걸친 공루라는 건축적 가치의 전통의 맥이 살아 있다'는 적극적 주장으로 심의를 거쳐 문화재 지정에 이르게 되었다고 한다.

조카가 작년에 봉호 씨를 찾아뵈었는데 누구냐고, 물으시며 몰라보시더라고 나한테도 아마 못 알아보실 거라고 기대하지 말라고 당부한다.

대문은 활짝 열렸는데 인기척이라곤 없다. 댓돌 위에 하얀 고무신 한 켤레 놓여있는 걸 보니 방안에 계신듯했다. 노환으로 요양원에 계시던 형이 어머니는 작년에 돌아가셨다는 소식을 접했기에 우선 집안을 뼁 둘러보았다.

나랑 형이랑 다녔던 하남초등학교에 정 교장이란 선생님이 오랫동안 머무셨던 방도 그대로 잘 보존되어있다. 정 교장님, 봉호 씨, 우리 아버지 이 세분은 삼총사였다. 세분 모두 인물들이 훤해서 무슨 행사든 셋이 같이 동행, 참석하면 그 자리가 더욱 빛나곤 했다. 충청도가 고향인 정 교장은 정년 후에도 계속 홀로 봉호 씨 집에서 기거하셨다. 친구(정교장)와의 우정을 잊지 못해 친구가 허망하게 떠난 다음 해 정비각과 함께 친구를 기리는 시를 지어 돌에 새긴 정비를 담 안에 만들어 놓고 마치 친구를 대하듯 그리움을 달래며 살고 계셨다. 정교장님의 말투와 인자하고 소탈한 마음씨는 지금까지 내 기억에 생생하다.

문간채, 헛간, 계사, 돈사, 잠실, 우물, 장독대 집안 자료관들을 둘러보고 안채 문을 살짝 열어보니 봉호 씨가 깜짝 반기신다.

"아니 누구여? 용림이 호중이가 먼 일이여? 추웅께 어서 들어와들. 내가 올해 아흔두 살이나 묵었어. 내 초등학교 동창 서른다섯 명 중 다 죽어버리고 나하고 두 사람만 살아있당께. 내가 인자 요로코 걸을 수도 없이 되야부렀당께."

조카는 봉호 씨가 작년과 달리 기억력도 좋고 눈도 밝고 목소리도 크니 의외란 듯 손을 잡아 드리며 얼굴에 상처는 어쩌다가 생기셨어요? 하니 "내 귀 두 개가 꽉 묵어부렀어." 하시며 우리가 무슨 말을 하는지 못 알아들으시고 본인 말씀만 크게 하신다.

"여기 봐, 용림이가 보내준 대모문학 내가 다 보고 정리해놨어."

봉호 씨는 1952년 10월 24일부터 지금까지 단 하루도 빠지지 않고 일기를 써 보관하고 계신다. '정돈, 기록의 왕'이시다. 52년

이후 한국에 개인의 다큐멘터리는 다락 속에 사진첩과 함께 언제까지나 생생하게 살아나 있을 것이다. 우리 현대사의 한 개인 기록사, 이것 자체도 문화재다.

나의 두 손을 잡으시며 이렇게 찾아주어 고맙다는 말씀을 하신다.

이분 내외가 우리 집에 오시면 그렇게 반가워하시던, 여든일곱에 세상을 뜨신 내 친정어머니가 생각난다. 초등학교 때부터 봐오던 형이 아빠는 "우리 조상들은 벼슬도 명예도 없고 그저 농사짓고 사는 보통사람 사람들이었어," 하시며 누구에게나 친근하고 겸손하고 예의 바르신 어르신이다.

그때 하남국민학교에선 형이네 집으로 소풍갔고 송정동국민학교에선 우리 집으로 소풍 왔었다. 소풍 온 날 우리 우물물은 바닥나곤 했다.

마당과 집 주변 정원엔 크고 작은 바윗돌과 보호수로 지정해도 좋을 애소나무들, 호랑가시나무, 금주목, 회양목, 태산목 등이 주인 어르신의 정성 아래 문화재로 손색없음을 자랑하고 있다. 지금은 자리도 터도 모두 없어져 버린 우리 집이 그립다. 정감 있고 아름다운 집이다. 집안 곳곳에 삼총사가 머무르셨던 향기를 찾아내 본다. 아늑하고 편안함과 따뜻함이 느껴진다.

내가 임곡국민학교에 근무할 때였다. 기차를 타려고 송정역으로 부지런히 걸어가고 있었다. 큰아이를 포대기 받쳐 등에 업고 양손에 분유통, 기저귀 가방을 들었다. 그때 "내가 들어줄게" 하며 군에서 막 제대를 한 복학생 형이었다. 너무 오랜만에 본 남자 친구라 딱히 할 말도 없고 서로는 어색했다. 형이는 간이역인 하남역에서 먼저 내렸고 나는 그대로 한 정거장 더 가 임곡역에서 내렸다.

그 후 단 한 번도 형이를 만난 적이 없다. 단지 형이 아버님을 통해서 지금 어느 고등학교교사로 근무 중이다, 지금 정년퇴직을 하고 광주에서 살고 있다, 정도의 소식만 들어왔다. 기왕 온 김에 형이도 한번 만나봤으면 좋으련만, 아쉬움을 남긴 채 서울로 돌아왔다.

주양언니

광주지하철을 처음 타 봤다. 서울지하철보다 폭이 약간 좁았다. 쌍촌역을 지나 화정역 사이를 지나고 있으니 광주국군통합병원 생각이 났다.

40여 년 전 내가 근무했던 곳이다. 그때는 77육군병원이란 이름으로 1964년에 개원했었다. 다음 17육군병원으로 이름을 바꾸더니 또 다시 국군통합병원이라 불렀다. 육군병원이기 때문에 소아과와 산부인과만 없었지 대형 종합병원이었다. 병실 안에 환자들은 온통 젊은 청춘 군인들뿐이었다. 그래서 그들을 간호해주는 우리들은 인기가 좋았다. 특히 나보다 서너 살 위였던 주양언니는 자그마한 키에 얼굴도 예쁘고 마음씨도 고와 더욱더 인기가 많았다.

나는 주양언니와 같은 방을 사용했기 때문에 친자매처럼 가깝게 지냈다. 쉬는 날이면 영산포역장 사택에서 살던 언니 집으로 가서 1박2일을 하고 다시 극락강역 인근에 살았던 우리 집으로 와서 1박2일을 하는 등 우리는 서로 내 집처럼 드나들었다.

언니도 없고 동생도 없는 나는 주양언니가 참 좋았다. 늘 붙어 다니는 우리 사이를 동료들은 많이 부러워했다.

우리 사이엔 비밀이 없었다.

어느 날 언니가 나한테 김양아, 나 어쩜 그 남자와 결혼해야 될 것 같다, 한다. 언니가 말하는 그 남자라 함은 언니의 부모님이 추천한 신랑감인데 맞선을 보고 와서 언니 맘에 든 곳이 하나도 없다고 했던 상대였다. 단호하게 싫다고 하지 그랬어? 했는데 순하고 착한 언니 성격으로 거절을 못 하고 그냥 아버님 말씀에 순종한 것이다.

언니의 결혼식장에 참석했다. 아버지는 딸의 손을 잡아 신랑한테 넘겨주며 눈물을 흘리는데 그 눈물의 의미를 나는 알 것 같았다. 1남 2녀를 낳고 저세상으로 떠나버린 전 처 생각을 하시는 것 같았다. 그리고 지금 아버지 곁에 있는 계모 밑에서 제대로 숨도 못 쉬고 자랐던 딸을 생각한 것이다.

누구나 기쁘고 즐거워야 할 결혼식에 주양언니의 행복한 표정은 단 한 차례도 보이지 않았다. 내심 걱정스러웠다.

주양언니가 떠나고 나도 한참 후에 서울로 직장을 옮기게 되었다. 연락이 끊긴 주양언니를 찾아보려고 언니 친정집을 찾아가 보았다. 역장 관사의 주인이 바뀌어 있었다. 아버지는 돌아가시고 계모는 어디론가 떠나버렸단다. 주양언니는? 물었더니 결혼 후, 애도 없이 바로 이혼하고 지금 서울 S대병원에 근무한다고 했다.

내가 서울로 올라와 S대병원을 찾아갔다. 그런 사람 없다고 한다. 잘못 가르쳐주었던 정보였다. 허무하게 돌아섰다. 그 후로 지금까지 주양언니의 소식은 알 길이 없다.

세상은 급변하여 지금은 각자에게 휴대폰이 있으니 언제 어디서나 연락이 가능하고 얼마나 좋아졌는가. 지금 주양언니는 어디에 있을까? 꼭 한번 만나보고 싶은 마음 간절하다.

지하라서 여기쯤이었다고 짐작만 했고 다시 오는 길엔 친구와 함께 버스를 타고 그 길을 지났다. 돌고개에서 타고 농성동을 지나 화정동에 이르러 친구한테 내려서 천천히 걸으며 육군병원, 대건신학대학, 상무대까지 옛길을 걸어보고 싶다고 했다. 그런데 친구는 지금 너 무슨 소리를 하고 있느냐며 국군통합병원은 진즉 함평으로 이사했다고 한다. 벌써 7, 8년 됐고 지금은 텅 빈 3만 3천여 평의 땅에 허물어져 가는 건물과 무성한 잡초 속에 빈 땅으로 모기 벌레들만 들끓어 주민들의 원성만 자자하다고 한다.

건물 옥상에 간첩을 생포하여 헬리콥터가 내려앉았던 일, 환자 한 명이 사망하여 영안실에 불이 켜지면 꼭 서너 명씩은 연달아 죽어 나가던 징크스, 육영수 여사가 위문 오셔 환자들의 손을 하나하나 잡아주던 일, 최희준 현미 한명숙 등 가수들이 위문공연 왔던 일들이 주마등처럼 지나간다.

나는 유독 정이 많아서 기간병들이 제대해서 돌아가거나 퇴원

해나가는 환자들이 인사할 때면 기쁜 마음으로 축하해주어야 할 텐데 우선 그간 정들었던 이들과 헤어진다는 서운한 생각이 앞서 혼자 눈물 흘리곤 했다.

전국에 각기 다른 고향으로 아니면 부대로 떠났던 그 수많았던 인연들 지금은 어디에서 직장을 갖고 가정을 꾸리고 잘들 살아가고 있겠지.

고향나들이

용산역에서 KTX를 타고 〈광주송정역〉에 도착하기까지 1시간 55분 걸렸다. 옛날에 비해서 반이나 줄어든 시간이다. 고향에 가면 언제나 1박2일을 계획하고 다녔는데 이번에는 KTX 덕분에 당일치기 여행으로 계획하고 집을 나섰다. 광주송정역에 내려 밖을 내려다보니 새롭게 넓은 도로가 생겨났고 그토록 눈에 익었던 역전파출소, 약국, 신신다방, 정다방, 시외버스정류장, 한양여관 등은 모두 사라져버렸다.

새롭게 생긴 광주전철을 타고 쌍촌역에서 내려 대건신학대학을 지나 70년대에 우리가 살았던 주택을 보려고 걸었다. 이 집인가 저 집인가 두리번거리고 있는데 마침 어떤 남자가 대문을 열고 나온다. 아저씨, 혹 이 집이 1001-24번지인가요, 하고 물으니 1001-26번집니다. 그런다. 그 말을 듣고 기억을 더듬어보니 우리 앞집과 뒷집인 교장댁과 우리 집은 모두 헐려 신축 건물로 쭉 멋있게 들어서 있었다. 다시 걸어 내가 근무했던 77육군병원으로 갔다. 굳게 닫힌 문에 안내문이 붙어있다.

1. 이 지역은 5·18사적지 시설물 보호구역입니다.
2. 5·18사적지 보호구역은 시설물 일제정비보수계획에 따라 정비 완료시까지 무단출입을 금지하오니 시민들의 적극적인 협조를 부탁드립니다.

-광주광역시-

쇠창살 문 안을 들여다보니 한 평 남짓, 위병소에 〈안보〉란 글자만 보인다. 뒤돌아서오며 이쯤에 77상회가 있었는데, 하고 화정역에서 다시 전철을 탔다. 금남로4가역에서 내려 충장로 입구에서 점심으로 온모밀을 먹었다. 고등학교 다닐 때 즐겨 먹었던 옛날의 그 맛은 아니었다.

충장로를 걸어 우체국 뒤 학생회관을 찾았다. 역시 문이 잠겨 있었다. 보수공사 중이고 내년 하반기쯤 문을 연다는 안내문이 붙어 있다. 그곳은 사단법인체로 광주학생독립운동동지회란 간판이 붙어있다. 광주학생사건 당시 퇴학당했던 우리 친정아버지를 비롯해 나주에서 통학했던 여학생 등 독립 운동가들의 사진이 걸려있는 곳이다. 아직 살아있는 분은 왼쪽에 돌아가신 분들은 오른쪽에 모셔져 있었는데 이젠 모두 돌아가셨겠다 싶어 사진을 한번 보려고 들렀는데 아쉬웠다.

이곳 충장로를 본정통이라고도 한다. 서울로 말하자면 명동거리다. 서점 제과점 양품점 금은방 피아노 재봉틀점 등 북적이던 거리가 한산하다. 도청이 무안으로 이사를 해버려서 그렇단다.

충장로 끝 도청 앞에 이르니 눈보라가 몰아친다. 기억을 더듬으며 여기는 상무관, 여기는 남도예술회관, 하는데 남도예술회관은 헐리고 다른 건물을 짓느라 공사 중이었다. 나의 모교 광주여고로 향했다. 교문과 돌담만 그대로이고 화정동으로 이전해버렸다. 사레지오여고는 리모델링 중, 서석초등학교는 역사와 전통이 있는 학교라며 졸업생들이 단결하여 지금까지 그 자리를 사수하고 있단다. 광주공고는 이미 다른 용도로 변경된 지 오래되었고 반갑게도 추억의 '파리사진관'이 아직 그 간판 그대로 2층 건물에 남아있었다.

얼마나 많이 걸었는지 허리도 아프고 다리도 아팠다. 다시 도청 앞으로 왔다. 도청건물은 5·18민주화운동 전시장으로 꾸미려고 한창 공사 중에 있었다. 도롯가에 '5·18 민주항쟁 알림탑'과 '도청과 5·18 민주광장'이란 돌탑이 썰렁하게 세워져 있었다.

마지막으로 둘러볼 데가 있어 다시 전철을 탔다. 우리가 신혼 때에 맞벌이 부부로 땅을 사서 지었던 집 두 채를 보려는 것이다. 30년 동안에 너무나 많이 변해버린 도시, 눈보라 속을 헤매다가 겨우 찾아냈다. 담 밖에서 쳐다보니 감회가 새로웠다. 초인종을 눌러 주인의 허락을 받아 한번 들어가 보고도 싶었다. 걷고 또 걸어 또 한 채를 찾았다. 집 옆으로 버스가 다니는 큰길이 생겼는데 도대체 몇 년째 비워둔 집인지 마당에 잡초가 우거지고 창문이 뜯겨진 채 폐가로 서 있었다. 대문만 열려 있었더라면 한번 들어가 보았을 텐데 아쉬웠다. 우리가 다시 사서 상가로 리모델링하고 세 놓아볼까, 하며 뒤돌아섰다.

내가 태어난 곳, 내가 다녔던 하남초등학교, 송정여중, 광주여고가 모두 없어져버렸다. 눈보라 속에 추억의 길을 종일 더듬다가 결국 제2의 고향인 서울로 향했다. 귀가하니 밤 10시 반이다. 피곤한 하루였지만 보람 있었다. 서울에 오니 날씨가 봄 날씨처럼 포근했다.

극락강역

지금 살고 있는 아파트로 이사를 오니 중앙선 철도 옆이라 문을 열어놓으면 전철 소음으로 TV 시청도, 전화통화에도 약간의 지장을 받는다. 그러나 나는 오르내리는 기차를 보면서 고향의 향수를 느끼며 행복하다.

나는 여고 시절에 극락강역에서 광주로 기차통학을 했다.

우리 마을 앞으로 오목천이란 영산강 상류의 물이 흐르고 그 위를 지나는 철도가 놓여있다. 기차가 보목산을 끼고 돌면서 일곱 칸의 교각이 있는 철교를 만나기 때문에 반드시 기적소리를 울린다. 그래서 우리 동네 사람들은 밤중에도 몇 시인 줄을 다 안다. 그렇지만 그 철교에서는 사고가 자주 나 희생된 사람이 많다.

나는 기차통학을 하느라 그 철교 위를 하루에 두 번씩은 꼭 건너야 했다. 다리를 건너다 밑을 내려다보면 시퍼렇게 흘러가는 물이 보여 내 두 다리가 후들후들 떨린다. 더구나 눈비가 오는 캄캄한 밤에 건널 때는 여러 가지로 신경이 곤두선다. 나는 몇 년 동안을 건너다보니 이제 선수가 되어 다리 위에서 달리기까지도 잘하게 되었다.

고3 때였다. 그날, 늦어 밤기차를 타야 했다. 극락강역에서 내렸는데 우리 마을 쪽으로 오는 사람은 한 명도 없었다. 철로 양옆으로는 넓은 벌판이라 집 한 채도 없다. 이슥한 밤에 내 발걸음 소리만 괴괴하게 들려왔다. 어렸을 때 할머니한테 들었던 도깨비불이니 달걀귀신이니 하는 이야기가 생각나 꼭 무엇이 뒤에서 나를 잡아당기는 것 같아 뒤도 돌아보지 못했다.

사고로 사람이 죽었던 자리를 지날 때였다. 마치 귀신이 나를 따라오는 것 같은 생각에 머리카락이 쭈뼛해져 온몸이 식은땀에 젖어 있는데 구세주처럼 저 앞에서 내 이름을 부르는 소리가 아스라이 들렸다.

두 살 위인 오빠였다. 틀림없이 혼자 무서움에 떨며 오고 있을 것 같아서 마중을 나왔다고 했다. 둘이서 철교 위를 중간쯤 왔을 때였다. 갑자기 저 앞 산모퉁이에서 기적소리가 울리는 것이다. 나는 당황하여 밑으로 뛰어내리려 생각했는데 오빠가 내 손을 잡아끌었다. 위험할 때 피할 수 있도록 철교 난간 옆으로 설치해놓은 비상 홀을 발견한 것이다. 몇 발자국 앞으로 뛰었는데 기차는 벌써 코앞에 다가오고 있었다. 두세 사람이 들어갈 수 있는 비상 홀로 오빠와 둘이 막 들어간 순간 기차가 지나갔다. 그것이 없었다면 아마 나는 지금 이 세상에 없었을 것이다. 말이 비상 홀이지 철교 위 허공에서 난간 하나 잡고 거의 매달려 있는 셈이었다. 그래서 기차가 지나가는 순간 그 반동으로 우리도 레일과 함께 휘청거렸다. 내 정신이 아니었다. 지금도 가끔 그 철교를 건너는 꿈을 꾼다. 철교를 건너다 기차를 만나 발걸음이 옮겨지지 않을 때도 있고 밑으로 떨어지다가 깜짝 놀라 깰 때도 있다.

결혼 후에도 나는 송정리에서 여러 해 동안 살았다. 그때 나는 공무원으로 송정역에서 기차로 출퇴근을 했다. '하남' 간이역에서 미처 표를 사지 못하고 기차에 오른 적도 많았다. 송정역에서 내리면 개찰구를 통해 표를 주고 나와야 하는데 날마다 보는 얼굴이라 역무원이 그냥 내보내 주기도 여러 차례였다. 인상도 좋고 잘생긴 그 역무원이 참 고마웠다.

최근에 서울, 용산에서 KTX를 타고 광주 가는 기회가 있었다. 나는 차창 밖으로 보목산과 철교, 우리 동네를 유심히 양쪽을 두루두루 내다보았다. 이제 시류에 따라 우리 고향이 광역시로 편입되고 도시화되면서 우리 집을 비롯해 마을전체는 그 흔적조차도 찾아볼 수가 없고 단지 남아있는 건 보목산과 철길뿐이었다. 철교 중간에 아직도 그 비상 홀은 그대로 남아 있었다. 그 무서웠던 허허벌판에는 고층아파트가 이미 빽빽이 들어서 있고 철교 밑 오목천엔 넓은 다리가 놓여 그 위로 시내버스가 다니고 있었다.

간이역에서

부부동반 모임이 있어 남편과 함께 서울 용산역에서 광주행 KTX를 탔다. 그런데 광주 바로 못 미쳐 간이역인 극락강역에서 비교적 오랫동안 정차한다. 이곳에서는 1일 10회 무궁화호 열차만 정차하는 곳이다. 그러나 현재 대한민국에서 유일하게 KTX끼리 비껴가는 역이며 KTX의 여객 취급은 하지 않는다고 한다.

1960년대에 나는 광주여고에 다니느라 이 간이역인 극락강역에서 광주로 기차통학을 했다. 통학 기차는 학교 등하교 시간에 맞춰 기차 시간이 배정되어 있었다. 당시 우리 집은 송정역과 극락강역 사이에 있어 송정역을 이용하기도 했고 극락강역을 이용하기도 했다.

등교 시간의 통학 기차에는 멀리 영산포, 나주에서 오는 학생들과 장성, 임곡에서 오는 학생들이 송정역에서 만나 이곳 극락강역을 거쳐 광주로 가기 때문에 이미 만원이 되어 들어온다. 내가 이 극락강역에서 타면 앉을 자리는 물론 없고 무거운 가방을 들고 겨우 통로에 서서 가거나 난간에 걸쳐서 가야 했다.

그때 학생들은 광주일고, 광고, 광여고, 전여고, 상고, 농고 등 남녀학생들이 빽빽했다. 그때는 마치 사춘기이기에 서로 잘 보이려고 외모를 가꾸기도 하고 맘에 든 이성을 보면 얼굴이 붉어지고 가슴이 뛰기도 했다. 언젠가는 차 시간에 맞춰 서둘렀는데도 내가 도착하자마자 기차가 출발하는 것이다. 나는 있는 힘을 다해 기차와 함께 달려가는데 마침 난간에 서 있던 어떤 남학생이 손을 내밀어 나는 그 손을 잡고 간신이 난간에 올라서게 되었다. 그때 같이 통학 기차를 타고 다니던 학생들은 지금은 모두 70대에 들어섰다.

간이역에 정차해 있는 차 안에서 나는 고등학교 교복 입은 내 모습을 잠깐 상상해보니 감회가 새롭고 절로 빙그레 웃음이 나온다.

우리 아버지 역시 일제 강점기 때 기차를 타고 이곳에서 광주제일고보(서중)에 다니셨다. 그때는 더 멀리 아래 함평에서부터 영산포, 나주에서 올라왔고, 위, 장성, 임곡에서 통학생들이 내려와 송정역에서 합류, 간이역인 극락강역과 북광주역을 거쳐 광주로 갔다.

1929년 10월 30일이었단다. 하굣길, 광주발 나주행 열차를 타고 나주에서 하차한 일본 남학생들이 한국 여학생 *이광춘과 박기옥의 댕기를 잡아당기며 놀렸다. 이 장면을 곁에서 목격한 광주고보 2학년 한국 남학생인 *박준채가 무슨 짓이냐며 따져 묻자 사과는커녕 '센진'이라며 비웃었다. 그러자 박준채가 여지없이 주먹을 날렸고 나주역은 순식간에 수십 명이 모여들어 아수라장이 되고 말았다. 경찰도 박준채의 뺨을 때렸고 당시 광주일보는 '어느 못된 조선인 학생이 아무 잘못도 없는 일본인 학생에게 난데없이 주먹을 휘둘렀다'는 식으로 기사를 내보냈다. 이 일이 있고 나서부터 통학 기차 안에서는 일본 학생들과 한국 학생들간에 매일 난투극이 벌어졌다.

다음 달인 11월 3일, 일본 메이지 천황 생일 기념일에 수백 명이 광주 시내를 행진하며 시위를 하고 광주학생항일운동이 시작되었다. 급기야 전국 194개 학교가 동맹휴학 투쟁을 벌여 5만 4천여 명이 〈일본의 식민통치에 반대한다! 제국주의를 무너뜨리자! 노동자 혁명으로 조선을 바꾸자!〉의 플래카드를 들고 대한독립 만세를 외치며 3·1운동이래. 최대의 저항운동을 했다. 이때 퇴학을 당하거나 감옥에 갇힌 학생이 3천여 명이었다. 우리 아버지도 당시 기차 안에서도 일본 학생들과 싸웠지만, 심지어 공중목욕탕 안에서도 맞서 몸싸움을 했다. 결국 그런 싸움이 광주학생사건의 발단이 되었고 지금까지 11월 3일은 학생의 날로 지정되어 매년 기념식을 거행하고 있다. 우리 아버지 역시 그때 퇴학을 당해 40대 후반에야 광주일고 이대로(탤런트 이효춘의 아버지) 교장이 명예 졸업장을 만들어주었다.

지금도 광주학생독립운동기념회관에 가면 광주학생사건에 독립유공자로 나주 여학생 이광춘과 함께 당시 학생 사건에 연루된 사람들의 276명 사진이 걸려있다. 그 사진의 주인공들은 우리 아버지를 비롯하여 이제 모두 돌아가시고 생존자는 2017년 12월 말 현재 단 1명만 살아계신다.

밤이면 무논에 개구리 소리 요란한 논밭이었던 1960년대, 극락강역 주변은 이제 고가도로와 아파트 숲으로 변해버려 모두 낯설기만 하다.

극락강이 흐르고 그 위로 기다란 철교가 걸려 있다. 이 일대를 지나자 나에게는 몹시도 낯익은 풍경 한 곳이 눈에 들어온다. 영산강으로 흘러들어가는 극락강물 위 철교를 건너면서 올려다보였던 저, 언덕에 서 있는 *풍영정, 그 주위에 울창하던 숲은 많이 훼손되었어도 건물만은 덩그마니 옛 모습 그대로 서 있다.

*이광춘(1914~2010): 체포된 한국 학생들의 석방을 요구하며 백지시험지를 내자고 선동하다가 퇴학당함.

*박준채(1914~2001): 3개월간 감옥살이를 했고 퇴학당함, 해방 이후 대학교수로 활동했다.

*풍영정(風詠停): 조선 중종 20년(1525) 문과에 급제하여 여러 관직을 거친 뒤 명종 15년(1560)에 승문원판교를 끝으로 벼슬에서 물러나 고향으로 내려온 김언거에 의해 만들어진 정자로 "풍영"이란 '자연을 즐기며 시가를 읊조린다.'는 논어에서 따온 말이다.

보듬어 다독다독

요즘 청년들을 일컬어 5포세대라고 한다.

취업, 결혼, 출산, 내 집 마련, 인간관계를 포기한 세대, 즉 심각한 청년실업 현실을 의미하고 있는 것이다. 그리고 결혼은 선택이다. 결혼 후 아이 갖는 것도 선택이란다.

내가 어렵게 직장을 가져 사회초년생일 때의 이야기이다.

학교 선배이자 직장상사였던 그녀는 조용히 나를 불러 자기 사촌오빠가 나를 소개해달라고 했단다. 이름을 말하는데 나는 전혀 모르는 사람이었다. 좋은 사람이니까 한번 만나보라고 몇 번이나 채근했지만 나는 아직 결혼할 생각이 없다고 번번이 거절해왔다. 그러던 어느 날 선배는 점심시간에 휴게실로 나를 불러냈다.

선배는 낯선 남자와 함께 있었다. 혹시 그 남자인가, 했는데 내 예감이 맞았다. 얼핏 보았으나 나이도 상당히 들어 보였고 내 맘에 들지 않았다. 그날 차 한 잔 마시는 것으로 끝이었다.

몇 달 후에 나는 같은 직장 직원 J한테서 프러포즈를 받았고 휴일이면 분위기 있는 곳에서 몇 번 데이트도 했다.

어느 날 선배가 나를 찾아와 J와의 관계를 따지며 같은 직장에서 풍기문란이라며 부장님한테 일러 당장 네 모가지를 떼버리겠다고 엄포를 놓았다. 노처녀에 B사감 같으신 부장님의 얼굴이 자꾸 떠오르며 나는 그날부터 걱정이 태산이었다. 궁리 끝에 선배 오빠란 사람을 만나, 나는 지금 만나고 있는 남자가 있다고 통고했다. 그 말이 끝나자마자 이 남자는 자기가 이미 우리 부모님을 만나 뵈었고 우리 부모님 역시 사윗감으로 아주 흡족히 여기셔서 약혼반지까지 준비해두었다고 엉뚱한 소리를 한다.

드디어 나는 부장님한테 불려갔다. 부장님은 나한테 소문의 진상을 털어놓아 보라 하신다. 나는 떨리는 목소리로 그러나 또박또박 30여 분 동안 내가 하고 싶은 말들을 다 했다. 잠깐 침묵의 시간이 흐르고, 너는 그 남자가 그렇게도 싫더냐? 하신다. 네! 일생 그냥 독신으로 살면 살았지 그 남자는 절대 아니었습니다, 하고 나는 고개를 숙여 그만 눈물을 뚝뚝 흘리고 말았다.

알았다 힘내라, 하시며 벌떡 일어서서 부장님은 내게 다가와 나를 보듬어 등을 다독다독해 주시는 거다. 갑자기 큰언니처럼 가깝게 느껴졌다. 못난 놈 바보 같은 놈이라고, 울지 마라. 앞으로는 내가 도와주마. 그리고 네 맘에 든 J 그 사람과 잘 사귀어봐라, 하고 허락하셨다.

예나 지금이나 직장은 생명이나 다름없어 직장이 떨어지면 모가지 떨어졌다고 한다. 나는 다행히 내가 다니고 싶을 때까지 부장님의 덕분으로 모가지가 잘 붙어있었다.

별은 내 가슴에

사진 한 장

충무로역 4번 출구로 나와 조금 걸어 중부세무서에서 왼쪽으로 쭉 올라가면 서울 문학의 집이 나온다.

나는 그날 문학의 집에서의 행사가 끝나 문우와 함께 충무로역으로 향해 걸어 내려오고 있었다. 길가 벤치에 신봉승 선생님이 홀로 앉아계셨다. 선생님은 우리를 모르지만 우리는 아주 잘 알고 있는 인기 작가님이시기에 너무 반가워 기회는 이때다 싶어 같이 사진 한 장 찍기를 부탁드렸다. 약간 피곤해 보이셨는데도 선생님께서는 기꺼이 모델이 되어주셨다.

그로부터 얼마 후 신봉승 선생님과 아주 가까이 지내시는 '비목'의 작사가이신 한명희 선생님한테서 신봉승 선생님이 돌아가셨다는 비보를 들었다. 거짓말 같았다.

신봉승 작가, 하면 먼저 대하 드라마 '조선왕조 오백 년'이 떠오른다. 역사소설『조선왕조 오백 년』전 48권을 집필하셨고 한국방송대상, 대종상, 아시아영화제 각본상 등을 수상하신 분으로 83세에 가신다는 것은 누구나가 생각해도 참 안타까운 일이었다.

나에게는 그 사진 말고도 또 다른 추억이 있다.

나는 소설 중에서도 특히 역사소설을 좋아했기에 평소에 신봉승 선생님을 무척 존경해왔다. 그런데 2000년 어느 날, 내가 속해 있는 강남문인협회 회원들을 대상으로 선생님의 강의가 있었다. 나는 그날 처음으로 선생님을 직접 뵐 수 있는 영광을 얻었다. 젊으실 때라 인상도 퍽 좋았고 미남이셨다.

강의가 끝나고 선생님이 쓰신 신작『국보가 된 조선 막사발』이란 역사에세이집을 무료로 나누어 주셨다. 그 책 한 장을 넘기면 선생님의 친필 사인이 있다. 책에 사인을 하시며 나는 선생님과 눈을 마주쳤으며 두 손으로 주시고 내가 두 손으로 받아 당시 선생님의 따뜻한 체온을 느꼈다.

책표지엔, 당시 대한민국 예술원 회장이신 조병화 선생님의 친필도 적혀있다.

‘초당, 신봉승은 살아서 움직이고 있는
조선의 역사.
생각하는 보람, 살아가는 지혜가
바로 살아있는 초당 신봉승이로다.’
–조병화 시, ‘신봉승’ 중에서

『국보가 된 조선 막사발』은 우리 집 책장 제일 잘 보이는 곳에 사진 한 장과 함께 지금도 꽂혀있다. 그래 '인생은 짧고 예술은 길다'.

서울 문학의 집에서 행사가 있을 때 가끔 가는 길목, 그 벤치를 보면 선생님이 생각난다. 신봉승 선생님이 가신 2016년 4월은 잔인한 달.

그분

그분이 서울 H대학교 부총장으로 임명되었다고 한다. 그분은 40년 지기 남편 친구다. 내가 결혼을 하고 남편이 자기 친구들을 소개하는데 그분은 머리끝에서 발끝까지 키도 크고 잘 생겼고 단정했다. 그때 박사학위를 받은 아주 젊은 경제학 교수였다. 그분은 대화 중에 주로 듣는 편이고 말이 없는 분이었지만 말을 할 때면 남의 장점만 말하고 남의 험담이라곤 일체 할 줄 몰랐다. 물론 자기 자랑, 가족 자랑도 안 했다. 그리고 배려심이 많은 분이었다.

남편 친구 딸 결혼식이 있어서 1박 2일로 참석한 적이 있었다. 10쌍 모두 대게 부부동반으로 갔는데 각자 일이 있어서 그분과 나 둘만이 싱글이었다. 그분은 복장이 단정하고 한 손에 007가방을 들고 누가 봐도 말끔한 교수님 타입이었다. 나는 어깨에 쌕을 메고 핸드백을 들었다. 내 짐이 아무래도 무거워 보였나 보다. 그분이 내 쌕을 들어 자기 어깨에 척 걸치는 것이다. 괜찮다고 해도 들어주는 것이다. 어찌나 미안하고 부끄럽던지 그만 나는 얼굴이 붉어지고 말았다. 우리 남편도 이런 상황이라면 배려해줄까, 생각해보았다. 남편 역시 아마 그랬으리라 생각이 들었다. 참 좋은 사람이니까.

88올림픽이 열리던 해였다. 은행에서 현금을 찾아 나오다가 나는 그만 오토바이에 날치기를 당했다. 얼마나 무섭고 황당하고 놀라 충격에 싸여 있을 때 그분이 소식을 듣고 우리 집까지 찾아왔다. “살다 보면 별일을 다 겪는 거예요. 저는요, 집을 팔았어요. 그 돈을 아주 친한 친구가 단 3일만 빌려달라고 해서 빌려줬어요. 아주 친한 친구가요. 그런데 지금까지 그 친구 행방을 모른답니다. 얼마나 억울했겠어요?” 한다. 나보다 그 사람 형편이 훨씬 못하니까 내 돈을 떼먹는 거 아니겠어요? 하며 빨리 잊어야 한다고 한다. 하기야 못 잊는다 해서 해결될 일도 아니었다. 그때 많은 위로가 되었다.

언젠가 그분의 부인과 둘이서 한가하게 차 한잔할 기회가 있었다. 우리는 자연스럽게 서로 남편들의 얘기가 나왔다. 부업으로 여성의류점을 할 때였단다. 믿고 믿었던 종업원한테 당해 하루아침에 빚만 남은 빈털터리 신세가 되었다고 한다. 그 충격 뒤에 쓰러져 큰 병원으로 갔더니 암이라고 진단이 내려졌다. 남편이 유리 창밖으로 시선을 감추고 서서 흐느끼며 한없이 울더란다.

남편의 두 어깨 위에 일어설 수조차 없을 만큼의 무거운 짐을 안겨준 그녀는 그때 미안해서 차라리 죽고 싶었다고 한다. 그러나 원망 한마디조차 안 하니 그게 더 견뎌내기 힘들었단다. 심지어 시아버님까지도 너는 우리 집 장손 며느리다. 다 잊어버리고 셋방에서부터 다시 시작해라 하고 너그럽게 이해해주셨단다. 정말 심성 고운 집안이었다. 자기는 생전 그 모습 그 말들의 고마움을 가슴에 새겨 아버님께 남편한테 잘하고 살아야겠다고 다짐을 했다고 한다. 동병상련으로 내 가슴이 찡했다.

나도 그랬다. 우리 시동생 취직도 시켜줬고 시동생이 교수님 교수님하고 따르던 남자가 돈을 빌려달라기에 의심할 여지도 없이 친척 언니한테 얻어다가 그냥 빌려줬다. 그런데 날이 갈수록 그 부부는 나를 불안하게 만들었다. 물론 남편과 상의도 없이 나 혼자 저질렀던 일이라 더 고민에 빠져 있었다. 나중에 알았는데 그 남자는 교수도 아니고 백수였다. 갑자기 쓰러져 나는 병원 신세를 지기도 여러 번. 남편은 아무래도 이상한지 무슨 일 있느냐고 자꾸 물어봤다. 나는 말 할 수 없었다. 아니, 무슨 할 말이 없었다. 그때 마침 남편이 먼 곳으로 발령이 나서 집을 팔게 됐다. 우리는 다시 집을 사야 하는데 돈이 없는 것이다. 면전에선 도저히 고백할 용기가 없어서 남편한테 장문의 편지를 써 놓고 숨어버렸다.

의외로 남편은 담담했다. 오히려 나의 등을 쓰다듬어주며 그동안 혼자서 얼마나 애를 태웠느냐며 '내가 바람피워서 그 돈 다 날렸다 생각해버리고 우리 다시 시작하자'고 했다. 나는 미안하다고 남편의 무릎에 얼굴을 묻고 얼마나 울었는지 모른다. 그리고 지금까지 그 돈에 대해서는 장난으로라도 한 번도 들먹이지 않았다.

당시에 우리는 겨우 전세 들어 살았는데 집값이 1년 새 10배나 뛰어버렸다. 매년 그렇게 부동산값은 치솟고 우리는 나락으로 떨어져 가고 있었다. 그 후유증은 한 10년 갔다. 가장 건강한 사람은 늘 웃는 사람이며 가장 인간성이 좋은 사람은 남에게 피해를 주지 않고 살아가는 사람이라고 하는데 그렇게 남의 집에 피해를 준 사람들, 지금은 어디서 잘 살아가고 있는지 의심스럽고 대단히 궁금하기도 하다.

집안에서 남편이 벌어다 준 돈으로 살림이나 잘할 일이지 엉뚱한 일이나 저지르는 철없는 아내들, 우리는 그랬다. 그런 우리는 정말 멋진 남편들을 만났다. 우리는 앞으로 우리 남편이 어떤 잘못을 저지르더라도 우리는 모두 이해해줘야 하고 용서해줘야 하고 남편한테 잘해줘야 합니다. 하고 약속을 했다. 그런 우리가 무에 예쁘다고 그들은 가끔 우리들을 불러내어 외식을 시켜준다. 그리고 매달 저축을 하여 여행도 보내준다. 그리고 세상에 자기 아내밖에 모른다. 위해주며 감싸주는 우리 남편님들이 정말 고맙다. 그래서 우리는 행복하다.

얼마 전 그분이 집으로 초청해서 설록차, 작설차, 허브차, 감잎차, 보이차 순으로 차를 종류대로 만들어 주었다. 차를 끓이고 따라주는 모습, 잘 받아 마시는 우리의 모습, 모두 여유롭고 행복했다. 차보다 술을 더 좋아하는 우리 남편에게는 자신은 먹지도 않으면서 친구들 주려고 손수 담가놓았던 약술 '지구자주' 한 병을 따라준다.

젊어 고생은 사서도 한다고 온갖 시련을 다 견뎌내고 지금은 넉넉한 살림은 아니지만 아쉬운 대로 편리한 내 집들을 장만해 그렇게 잘 살아가고 있다. 아내의 암도 행운암이었던지 말끔히 수술이 잘 되어 10년도 훨씬 지나 이젠 건강하다. 남편이 정년퇴직하면 취미생활을 같이 하겠다며 열심히 판소리를 배우고 있는 그분의 아내가 귀여워 보였다.

잘 생기고 착하고 고운 심성을 가진 우리 남편님들, 정말 죄송하고 고맙습니다. 우리 죽어서 다시 태어난다 해도 모두 용서해주시고 우리를 다시 아내로 맞아주신다면 정말 고맙겠습니다. 감사합니다.

부총장님 되셨다고 오늘 우리가 저녁을 사 축하하겠다고 불러냈는데 어느 틈엔가 그분이 계산을 끝내버렸다. 왜 그러시느냐고 물으니 우리 동네로 오셨기 때문에 손님 대접 차원이라고 한다. 아니 이럴 수가. 나는 그만 할 말이 없어 인격이나 인물로 보아 총장님 자격이 충분한데 총장님이란 호칭 앞에 부, 자가 붙어버려 위로주를 사려고 했는데요, 했더니 그건 이쪽 사정을 잘 모르시기 때문이라고 이해시킨다.

오늘 역시 그분 집으로 가 차를 마시기로 했다. 소슬차(녹차), 대홍포(중국산 차), 우롱차(대만산, 아리산, 고산차)를 설명과 함께 순서대로 따라주신다. 그리고 술 좋아하는 우리 남편에게 또, 손수 담은 복분자주를 한 병 따라 예쁜 병에 담아주신다.

숙 언니

언니는 친자매인 나보다 그 어렵다는 사돈과 훨씬 더 가까이 지내고 있다.

시장도 같이 가고 김장도 같이하고 언니가 아파서 입원할 때는 사돈이 간병인 역할도 한다. 보기에 좋아서 언니한테 물어보았더니 사춘기 나이에 죽은 내 동생 숙이와 나이가 같아서라고 대답한다. 숙 언니는 우리 아버지와 제2의 부인 사이에서 태어난 나의 이복언니였다. 나 역시 일찍 이 세상을 떠난 숙 언니가 몹시 그립다.

숙 언니 엄마는 은행에 다니던 남편이 일찍 죽어 아들 하나와 살고 있었다. 어떤 사연으로 우리 아버지와 인연이 닿았는지 모르지만, 아들을 데리고 우리 아버지와 살면서 숙 언니를 낳았다. 뒤늦게야 우리 아버지란 남자가 2남 1여를 가진 유부남인 걸 알았단다. 본처인 우리 어머니한테 정말정말 죽을죄를 지었으니 부디 용서해달라는 편지 한 장을 남기고 그 여인은 숙 언니를 데리고 떠났다. 우리 아버지에게는 아직 달콤한 신혼이었던 가보다. 숨어버린 그 여인을 찾아내고 숙 언니를 우리 집으로 데려와 버렸다. 아무것도 모르는 숙 언니가 아장아장 걸을 무렵, 그 여인은 밖에서 지켜보다가 몰래 딸을 안고 다시 어디론가 꼭꼭 숨어버렸다.

몇 년 후에 숙 언니 이모가 숙 엄마는 폐결핵으로 죽었다며 숙을 우리 집에 데려다주었다. 그날부터 숙 언니는 우리 어머니 손에서 자랐고 친엄마인 줄 알고 잘 따랐으며 우리 언니도 친동생처럼 잘 대해주었다.

우리 언니가 시집을 가서 어느 날 친정에 왔었는데 막냇동생인 나의 두 눈이 빨갛게 부어있고 많이 아파 고생하고 있었단다. 머리카락이 눈을 찔러서 그런가 하고 가위로 예쁘게 머리 손질을 해줬다. 그런데 아버지가 어디서 나타나 나를 번쩍 들어 땅바닥에 그대로 내동이 쳐버렸다. 제 이복동생이 셋이나 있는데 그 애들은 해주지 않고 제 친동생만 해줬다고 즉 편애한다는 이유에서다. 울분이 복받쳐 오른 언니는 마침 할아버지 방에 불을 지피고 있던 숙 언니의 머리채를 끌어 잡고 힘껏 분풀이를 해버렸다.

그러니까 언니는 숙 언니를 아버지 대신으로 생각했던 것이다. 숙은 영문도 모르고 언니한테 당했던 것이다. 당시 언니 생각으론 제2의 부인에서 태어난 숙이나 제3의 부인에게서 태어난 애들이나 모두 아버지가 편애하고 있는 자식들이 아닌가 생각이 들어 그랬다.

자신도 모르게 분노조절이 안 되었던 언니가 정신을 차리고 보니 흐트러진 머리에 슬프게 울고 있는 숙이 너무나 불쌍했다. 숙은 친언니인 줄 알고 살아왔고 숙의 입장에서 보면 친언니가 이유 없이 머리채를 잡았으니 얼마나 억울하고 분했겠는가.

아버지, 우리 집에서 아버지란 어떤 존재였던가를 언니가 말해준다. 어디선가 아버지 목소리가 들리면 나는 후다닥 구석지로 기어 숨어들었다 한다. 나는 기억하지 못한다. 숙 언니 역시 아버지를 공포스러워 했다 한다. 편애하기에 앞서 성격장애와 행동장애를 가진 소유자였던 것이다.

숙은 점점 자라 사춘기에 들어 본처자식들과 제2 부인의 자식인 자신과 제3 부인에게서 태어난 동생들과 사이에서 정신적인 고통에 견뎌내지 못하고 스스로 목숨을 버렸다.

이제 언니가 며느리를 맞았는데 안사돈의 나이가 7살 아래 숙이와 나이가 같아 사돈을 대할 때마다 숙이 생각이 떠올라 동생처럼 생각이 든다고 한다. 수십 년이 지난 지금도 그때 이성을 잃고 숙한테 분풀이했던 행동이 몹시도 후회되고 미안하고 마음에 걸린다고 한다. 저세상으로 가면 제일 먼저 숙이를 만나 사과하고 싶다 한다.

내가 기억하고 있는 숙 언니는 순하고 착하고 예뻤다. 나 역시 숙 언니는 내 6살 위 친언니인 줄 알고 살았다. 언니가 일찍 죽고 한참 후에야 이복언니였다는 것을 우연히 알게 됐다.

숙 언니가 떠나가기 전날 아버지의 꿈에 숙 언니 엄마가 하얀

소복을 입고 와서 어린 숙을 안고 아버지를 향하여 눈을 한번 흘기고 대문 밖으로 유유히 사라져버렸더라는 것이다. 아버지는 일생동안 여자관계가 복잡해서인지 꿈에 여자를 보면 다음 날 기분 나쁜 일이 꼭 생긴다고 하셨다.

다음날 숙은 말 한마디 글 한 줄 남기지 않고 영영 떠나버렸다. 아버지의 꿈대로 친엄마가 데려간 것 같다. 우리는 지금도 그렇게 생각하고 있다.

숙 언니는 누구를 원망하며 눈을 감았을까, 생각해보면 그 어린 나이에 무엇을 안다고 그 깊은 물 속에 목숨을 내던졌을까, 얼마나 무서웠을까 어떻게 그런 생각을 감히 할 수 있었을까, 불행하게 태어나 일찍 저세상으로 가버린 숙 언니를 살아 있는 우리 자매는 늘 마음에 두고 그리워하며 살았나 보다.

그립다. 우리 숙이 언니, 나 또한 저세상에 가서라도 꼭 한번 만나보고 싶다.

자연과 문학

우리는 밤하늘에 있는 수많은 별을 본다. 이들 별보다 더 먼 곳의 우주에는 어떠한 별들이 있을까, 우주에는 한계나 끝이 있을까, 또 이 우주는 언제 시작되었으며 언제 끝나는 것일까. 지구와 달 그리고 태양과 별들은 어떻게 하여 생겨났을까, 이와 같은 자연에 대한 우리의 의문은 헤아릴 수 없이 많다. 자연이라는 것이 오늘날처럼 우리와 관계 깊게 느껴진 적은 없을 것이다. 1969년 7월에는 우리가 살고 있는 지구의 중력을 벗어나 처음으로 달 위에 사람이 올라섰다. 또 지름이 수십 미터나 되는 전파망원경으로 수백억 광년 또는 그보다 더 멀리 떨어진 천체에서 오는 전파를 잡아서 연구하기도 한다. 그러나 자연에는 너무나 많은 미지의 영역이 있다. 태양계의 제3의 행성인 우리가 사는 지구야말로 우리에게 가장 소중한 것이다. 우리는 이곳에서 태어나 일생을 여기에서 지낸다.

자연은 평화롭다. 태양 아래에서 온갖 동식물이 자라고 계절에 따라 자연은 변화한다. 봄에 남쪽에서 날아오는 제비, 겨울에 북쪽에서 오는 기러기, 오리, 부엉이, 딱따구리, 솔개 등과 산속에서 마을 가까이로 오가는 꾀꼬리, 휘파람새 등 떠돌이 새는 특히 계절의 변화를 잘 알려준다. 생물은 모양, 색깔뿐 아니라 우는소리나 지저귀는 소리마저 확실하게 알아들을 수 있을 만큼 계절에 따라 변한다.

여름에 논에서 시끄럽게 울던 개구리도 가을이 되면 울음을 그치고 모습도 감춘다. 추운 겨울이 다가오므로 땅속에 들어가 겨울잠을 시작하는 것이다. 곤충은 종류가 많아 어디에서나 흔히 볼 수 있는 동물이다. 이 곤충도 또한 온도나 습도의 변화를 민감하게 알아차리므로 계절이 바뀌면 일제히 모습을 감추거나 나타내면서 생활의 모습을 크게 바꾼다.

지구상에는 물과 대지가 있다. 물은 0.07%만이 강물이고 나머지 99% 이상이 바닷물이다. 바다가 육지의 두 배가 넘는 70%나 차지하고 있다. 그래서 바닷고기와 민물고기가 있다. 이 모든 것들은 조화를 이루며 공존한다. 그러나 지금 바다는 오염되어 가고 있다. 지구상의 모든 오염물질이 환경호르몬이라는 이름으로 포장된 채 바다로 모여든다. 육상의 생활오수를 비롯하여 공장과 축사의 오·폐수가 하천으로 흘러들어 토양을 오염시키고 강을 따라 모두 바다로 모여들면서 죽음의 바다를 만들고 있다.

자연은 인간에 의해 개발되면서부터 그 아름다움이 파괴되어 가고 있다. 자연이 인간의 손을 타면 더 이상 자연이 아니다. 경주에 가면 김유신 장군의 묘가 있다. 묘역에는 신라 천 년의 역사를 말해주는 소나무들이 울창했었다. 그러나 묘역 밑으로 아파트라는 신식 건물이 들어서면서 인간의 부주의로 조그만 불씨는 바람을 타고 뒷산으로 올라가 산불로 번져 천년의 소나무들은 순식간에 모두 사라지고 말았다.

자연을 개발하여 아름다운 강산을 만든다는 말은 모순이다. 깊은 산 속에 아무렇게나 박혀있는 돌이 조각공원에 다듬어져 있는 돌보다 훨씬 아름답고 아무 곳에서나 제멋대로 자란 나무가 억지로 엮고 자른 분재보다 훨씬 아름답다. 따라서 자연보호는 개발이 아니라 자연 그대로 놔두는 것이 자연보호이다. 우리 인간은 흙에서 물에서 식물에서 취해진 한 덩어리이다. 인간이 자연을 파괴할 땐 자연이 파괴되는 것이 아니라 결국 우리 인간이 파괴되는 것이다. 자연은 자연 그대로가 아름다운 것이다. 그러면 자연은 인간에게 무엇인가.

이 세상에는 백만 종에 달하는 동물이 살고 있다고 한다. 그런데 이 많은 동물은 모두 지구표면에 가까운 엷은 층에서 살고 있는데 그것은 동물이 살아가기 위해서는 산소와 적당한 온도가 필요하기 때문이며 또 먹이를 구하기 위해서란다. 먹이를 구하지 않으면 안 된다는 것이 동물과 식물의 커다란 차이이다. 곧 동물은 먹이를 구하기 위해서는 공중을 날아야 하고 땅 위로 다녀야 하며 물속을 헤엄치지 않으면 안 된다. 즉 동물은 먹이를 구해 살아가기에 적합한 장소에서 살며 또 먹이를 구하기에 적합한 운동을 한다. 따라서 동물은 사는 장소와 먹이를 구하는 방법에 따라 성질도 각각 다를 뿐 아니라 몸의 모양이나 얼개가 모두 다르게 되어 있다.

사람도 동물의 일종이다. 그러나 사람에게는 동물과 달리 지혜가 있다. 그래서 전쟁도 하고 자연을 파괴하여 스스로의 무덤을 파기도 한다. 그러나 때가 되면 누구나 나뭇잎이 떨어져 거름이 되듯이 자연으로 돌아간다.

식물에는 우리가 눈으로 볼 수 있는 풀이나 나무 이외에도 박테리아를 비롯하여 원생동물이나 말무리와 같이 현미경이 아니면 볼 수 없는 것도 있다. 그런데 이 식물들도 우리 인간과 마찬가지로 생물에 속한다는 사실이다. 즉 식물도 우리와 같이 키도 자라고 몸도 커지며 숨을 쉬기도 하고 영양을 취하기도 한다. 또 열을 내기도 하고 땀을 흘리기도 하며 잠을 자기도 한다. 그러나 다만 생김새와 몸의 얼개가 다르기 때문에 그 방법들이 사람과 다를 뿐이다. 또 식물은 우리들이 일상생활을 하는 데 있어 의식주 그 어느 부분과도 관계되지 않는 것이 없다. 이와 같이 우리에게 잠시도 없어서는 안 될 뿐만 아니라 우리 인간과 똑같은 생물에 속하는 식물을 우리는 아끼고 사랑하지 않으면 안 된다.

지구상에서 나무는 사람이 없어도 잘 살아가지만, 사람은 나무가 없이 살 수 없다. 사람은 나무를 해치지만 나무는 사람을 해치지 않는다. 지구는 사람보다 나무가 더 가치 있는 존재다.

김지하 시인이 유신정권 시절 감옥에서 생명을 유지할 수 있었던 것은 감방 철창 밑의 콘크리트 홈에 먼지가 쌓이고 거기에 풀씨가 날아와 빗방울을 빨아들여 싹이 트고 잎이 나면서 더우면 시들고 밤이 되면 이슬로서 연명하며 꽃을 피우는 것을 보고 생명의 존엄성과 삶에 대한 무한한 애착을 느끼게 되었다고 한다. 그러면서 살아있는 생명은 개체와 전체 자유와 평등 안정과 변화를 함께 요구하고 함께 구현한다고 술회한 적이 있다. 생명이 곧 희망이라고 했다. 작은 풀씨 하나가 인간의 마음에 한 줄기 희망을 불어 넣어준 것이다. 그래서 자연은 인간의 고향이고 어머니이고 곧 스승이라고 한다.

바다가 고요할 때는 요람에서 곤히 잠든 아기처럼 조용하고 잔잔하게 일렁이는 물결은 아기의 숨소리처럼 차분하다. 그래서 호수 같은 바다라 한다. 그렇지만 화가 한번 나면 파도는 하늘을 찌를 듯이 솟아오르고 폭풍을 몰아치고 백수가 포효하듯 요란하다. 해일과 파도가 넘쳐흐르면서 때리고 부수고 삼켜버린다. 인간의 운명은 이 초자연적 힘에 맡길 수밖에 없다. 인간은 만물의 영장이라며 자연을 지배하려고 한다. 그러나 인간은 자연의 극히 일부인 바이러스 균 하나 앞에서도 쉽게 생명이 허물어진다. 자연은 인간을 지배한다.

자연은 문학예술의 뿌리이고 고향이다. 인간의 삶 역시 자연의 질서 속에 존재한다. 사람이 진 선 미 감수성의 영원하고 궁극적인 원천인 자연을 잃었을 때 문학적 근거는 상실된다. 문학의 근본정신은 존재하는 모든 것들을 사랑하고 동경하고 경외감을 갖는 것이다. 인간은 흙에서 태어나 땅의 한 부분이며 다시 흙으로 돌아가고 만다. 그래서 온갖 꽃들은 우리 자매이고 동물들은 우리 형제들이고 세상에 존재해 있는 모든 것들은 생명체를 가지고 있는 한 한세상을 함께 살아가는 거대한 한 가족이고 한 시대의 동료들인 셈이다.

자연에서 태어나 자연으로 돌아간 무수한 선인(先人)들은 인간의 어머니이고 인간의 고향인 자연을 사랑하고 자연을 좋아하고 자연을 숭배하는 마음을 글로 남겨놓았다. 고산 윤선도(1587~1671)는 병자호란 난리 중에도 〈산중신곡〉 〈어부사시사〉 〈몽천요〉 같은 훌륭한 시조를 지었고 특히 〈산중신곡〉에 있는 '오우가'는 시조 문학의 걸작 중의 걸작이다. 그가 56세 때 유배지인 영덕에서 풀려나와 금쇄동에 살면서 지은 것으로

내 벗이 몇이나 하니
수석(水石)과 송죽(松竹)이라
동산에 달 오르니
두어라 이 다섯밖에 더 두어 무엇하리

하며 물과 돌, 소나무와 대나무, 달 등을 읊었다. 그리고 어부사시사에서는 봄여름 가을 겨울 사계절을 노래하며 삶을 즐기고 마음을 풍요롭게 다스리며 여유롭게 살아갔다.

자연은 사람을 낳고 사람은 그 시대의 문학을 낳았다.

녹색성장 시대와 원자력발전

나는 그동안 원자력발전에 별 관심을 두지는 않았다. 그렇지만 체르노빌 사고로 인해 공포화 된 원자력의 위험과 아직도 지속된다고 알려진 히로시마 원폭의 영향 같은 것들 때문에 원자력에 대한 인식은 다소 공포에 가까운 위험성만 부각되어 기억되고 있다. 그리고 지난 일본 대지진으로 인해 벌어진 원전폭발로 인해 방사능 공포가 확산되면서 우리나라의 원자력발전에 대한 우려의 목소리도 커지고 있어 막연한 걱정만으로 있었다. 여기에 원자력에 대한 이해가 먼저라는 생각에서 1박 2일의 KINS의 방문 기회가 있어 참여하게 되었다.

우리나라의 에너지소비량은 세계 10위권이며 그 중 전력소비량은 9위에 달한다고 한다. 전기는 우리에게 필수 불가결의 절대 에너지인 것이다. 지금 우리들은 그 전기를 물 쓰듯 부족함이 없이 쓰면서 생활하고 있다. 사실은 낭비하는 수준이라고도 볼 수 있다.

현재 전 세계에서는 기대를 초월하는 양의 천연가스를 발견하고 있는데 천연가스는 저렴하고 안전하고 공해가 적다고 한다. 미국 GE사의 회장도 원자력발전 시대는 지났고 앞으로는 천연가스 시대가 온다고 한다. 우리나라도 원자력 발전은 조금씩 줄이고 천연가스 발전소를 지어야 한다고 모두 입을 모으고 노력하고 있다.

최근 잇따른 원전 고장사고로 인해 원전 안전성에 대한 우려가 증가했다. 하지만 원자력은 고유가 시대 및 기후변화 대응에 있어 가장 현실적인 대안이며 공급 안정성이 높아 경제적이다. 온실가스 배출도 거의 없어 안정적인 전력공급을 위한 가장 핵심 수단이고 가장 현실적인 대안이라고 한다.

1948년까지 남한은 전력수요의 60% 정도를 북한에서 공급받고 있었다. 그런데 이해 5월 14일 북한은 느닷없이 송전을 중단했다. 당시 수풍수력발전소를 비롯해 대부분의 발전소는 북한에 있었다.

1978년 4월, 7년여 공사 끝에 '고리원자력 1호기'가 완공되어 원전 시대를 열었다. 이후 18개월마다 1기씩의 속도로 원전을 세웠다. 수명이 다 된 원자로의 해체 철거가 시작되면 18개월마다 6천억 원씩 들여 원전을 해체해야 한다. 단순 비교로는 원전 전기가 싼 것 같지만, 사용 후 핵연료 처리와 수명이 끝난 원전의 해체

철거 비용까지 감안하면 실로 그 단가는 엄청난 것이다. 그러나 원전은 선택이 아닌 필수다. 국내에서 원자력은 지난 30년간 값싸고 깨끗한 에너지로서 경제성장의 근간을 이뤘다. 세계가 부러워하는 최고 수준의 원전건설 기술과 안전운영 능력을 보유하고 있다. 그래서 국가 에너지 안보와 온실가스저감목표를 동시에 달성할 수 있는 방안으로 저탄소·녹색성장의 국가비전 구현을 위해서도 원자력의 역할은 매우 중요하고 원자력산업 육성은 필수적인 것이다.

원자력 발전소는 우라늄 235, 플루토늄 239 등 핵분열 물질을 연료로 하고 중성자를 그 연료의 촉매로 하는 장치로 여기에서 발생하는 열로 물을 끓여 터빈을 돌려 전기를 얻는다. 화석연료인 석탄, 원유의 원가가 상승하면서 원자력발전은 경제적으로 경쟁력을 가지게 되었으며 지구 온난화를 초래하는 탄소배출이 없어 전 세계적으로 원자로 건설이 증가하고 있는 추세이기도 하다.

현재 우리나라는 21기의 원자력발전소가 총발전량의 31.4%를 감당하고 있다. 이 비율은 다시 증가해 2024년에는 48.5%에 이를 전망이며 이를 위한 신규 원전 건설이 활발히 추진되고 있다. 우리나라는 국토 면적이 좁고 풍력 태양광 수력 조력 등의 자원 밀집도가 떨어져 신생 에너지는 보완적 기능만 기대될 뿐이다. 정부의 적극적인 계획에도 불구하고 2024년까지 신생 에너지 발전량은 8, 9%를 넘지 못할 것이란다. 이나마도 갯벌 감소, 삼림훼손 등의 환경파괴를 동반하게 된다. 계속해서 원전을 짓지 않으려면 전기를 효율적으로 아껴 쓰는 방법밖에 대안이 없다. 그러니 우리의 일상에서 전기의 낭비 요인을 줄이고 전기요금을 현실화해서 절전을 경제적으로 유도하는 방안이 필요할 뿐이다.

일본 후쿠시마원전 사고는 인접한 우리에게는 공포의 대상이 될 수밖에 없지만 중요한 것은 악성루머가 아니라 과학을 믿어야 된다.

스웨덴과 체르노빌 간 거리는 일본과 우리와 비슷하다. 원자력 관련 전문가들의 진단은 국내에서 검출되는 방사성 물질은 인체에 해롭지 않으며 일본에서 오염된 수산물이 국내에 유입될 가능성은 없다고 한다. 방사성 물질이 계속 날아와 쌓인다 해도 그것은 무시해도 될 양이며 방사성 물질이 농작물에 축적된다 해도 그것은 무시해도 되는 극소량이라는 것, 한동안 소금, 미역, 다시마, 마스크가 불티나게 팔리고 있었는데 과학적 효과보다는 불안심리 때문이란다.

국제원자력기구(IAEA)의 조사에 의하면 현재 30여 개국에 370기의 원자로가 가동 중이며 2030년까지 300기 정도가 2050년까지는 1,400기의 정도가 추가로 건설될 것으로 전망되고 있다. 그러나 원전에서는 탄소보다 더 위험한 부산물인 핵분열 물질을 함유한 방사성폐기물이 발생한다.

준비단계에 있는 핵시설을 제외해도 이미 전 세계적으로 해마다 이층버스 100대 분량의 핵폐기물을 배출하고 있으며 그 폐기물은 어딘가에 저장해 둬야 한다. 핵에너지는 전혀 청정하지 않은 것으로 밝혀지고 있다.

우리는 단지 또 하나의 오염물질을 공기 중에 방출하는 대신 땅속에 파묻고 있을 따름이다. 한 가지 공해를 다른 공해로 교환한 것에 불과하다. 그럼에도 불구하고 IAEA의 전망처럼 원전발전은 그 경제성 때문에 계속 늘어날 것이다. 원전사고가 치명적 재앙임을 알면서도 전기 에너지의 절대적인 필요성 때문에 그것은 멈출 수 없는 일이기도 하다.

우리 일행은 원자로 격납용기의 벽면 구조도 실제 눈으로 볼 수 있었다. 아주 두꺼운 강철판에 강철로 만든 철근을 많이 심어 콘크리트로 두껍게 보호하고 있다. 원자력발전의 원리와 구조도 이해할 수 있게 설명을 잘 들었고 직접 핵연료봉을 볼 수도 있었다. 우리나라는 대부분 가압경수로를 채용하고 있다. 월성 원자력발전소만 국내 유일의 가압중수로형 원자력발전소라고 한다. 그래서 핵연료봉의 모양과 크기가 좀 달랐다.

우리가 아무리 안전하게 원전을 관리해도 일본 북한 중국에 의한 재앙을 피할 수 없다는 현실이다. 그것은 세계가 하나가 된 지구촌 시대를 살고 있는 현대인으로서 우리가 지불해야 하는 값비싼 대가인지도 모른다.

원자력발전의 장단점이 바로 여기에 있다. 우선, 사람들에게 피해를 주는 것은 '방사능'이 아니라 '방사성 원소'에서 뿜어져 나오는 '방사선'이다. 그러니 결론은 우리나라 원자력 발전의 안전도는 생각보다 아주 높은 수준이며 우리나라 상황에서는 원자력

발전을 안 한다고 해서 방사능 위험이 없어지는 것도 아니라는 것이다, 어차피 중국 때문에 우리나라 원자력발전소를 모두 다 철폐시켜도 우리는 방사능 위험도는 거의 줄지 않는다. 바로 황해 건너 중국 원자력발전소가 수십 개가 더 지어질 거니까. 그중에서 한 개만 터져도 우리나라 땅덩어리 전체가 다 오염되고 만다. 그러니까 방사능 오염을 줄이는 방법은 원자력발전을 철폐하는 것이 아니라 원자력발전소 제어기술을 더욱더 개발하고 안전기술을 더욱더 발달시켜서 중국원전과 안전교류를 해서 중국원전이 터지지 않도록 상호 보안해야 하는 것이란 말이다. 물론 경제적 이득을 생각한다면 무조건해야 하는 것이고 나아가 아주 핵심적으로 육성을 해야 할 산업이다.

길상목吉祥木

사람 중에는 못된 사람이 많아도 나무 중에는 못된 나무가 없다. 나무가 한곳에 서서 그 추운 겨울을 이겨내려고 스스로 수분을 없애고 미라처럼 서 있는 것을 보면 존경심이 간다. 더구나 몇백 년 몇천 년 동안 입 꾹 다물고 살고 있는 나무의 인내심을 보면 내 존재는 마치 거목에서 이파리 하나가 굴러떨어져 다니고 있는 느낌이 든다.

과수원집 딸로 태어난 나는, 나무에서 발산하는 *파이톤사이드가 무언지도 모르면서 나무들의 덕을 많이 보고 자랐다. 마당 옆에 있는 자그마한 연못 주위에 노랑, 보라 꽃 창포가 피면 우리 할아버지는 아주 작은 내 손을 붙잡고 나무 하나하나를 설명해주셨다.

소나무, 느티나무, 향나무, 은행나무, 동백나무는 5백 년도, 천

년도 넘게 산단다. 단풍나무, 벚나무, 대나무, 살구나무, 복숭아나무, 밤나무, 자두나무, 모과나무 회화나무 등 많은 종류 중에 회화나무는 우리 선조들이 출세수, 해복수, 선비나무, 학자수, 행복수라고도 부르며 최고의 길상목(吉祥木)으로 손꼽아 온 나무다. 회화나무 세 그루를 마당에 심으면 집안이 내내 평안하고 복이 온다고 믿는단다. 또 집안에 큰 학자가 배출되고, 국가와 민족을 위해서 큰일을 하는 인물이 태어나는 것으로 믿어 매우 귀하고 신성하게 여기고 있다 한다.

조선 후기 병인년 천주교 박해 당시 해미읍성의 높은 돌담 안에 천주교 신자들의 사형 도구로 사용됐던 회화나무가 있다. 수천 명의 목숨을 앗아가는 악역을 해야 했던 3백 살 된 나무. 철삿줄이 박혀 있던 흔적이 아직도 나무에 희미하게 남아 온몸으로 당시를 이야기 해주고 있다. 겉으로 보기엔 그냥 오래된 나무일 뿐이지만 그 속엔 안타까운 사연이 마음을 아프게 한다. 내가 살고 있는 아파트 안에도 회화나무가 참 많다. 나무에서 떨어진 진물이 주차해둔 차에 떨어지면 얼룩이 지워지지 않는다고 배어버리자고 하는 사람들도 있다. 활엽수 중 추위에 강하고 수형도 단정하고 병충해도 거의 없고 공해에도 강하므로 가로수나 공원수로도 활용되고 있어 압구정동에 가로수는 모두 회화나무이다. 회화나무는 모든 나무 가운데서 으뜸으로 치는 신목(神木)이다. 봄에 회화나무에 핀 꽃을 보고 그해 농사의 풍흉을 점치기도 했는데, 꽃이 많이 피면 풍년이 들고 적게 피면 흉년이 든다고 생각했다. 그 꽃에는 꿀이 많아 벌들이 많이 모여들고 회화나무꿀은 꿀 중에서 제일 약효가 높다고 한다.

이 나무를 문 앞에 심어 두면 잡귀신이 가까이 오지 못하고 또 좋은 기운이 모여들어 만사가 형통한다고 한다. 회화나무 열매를 달여서 우려낸 물로 괴황지를 만들기도 한다. 괴황지로 부적을 만드는데 이런 이유 때문인 것 같다. 회화나무는 가꾸기가 쉽다. 씨앗을 봄에 심으면 싹이 잘 난다. 옮겨 심어도 잘 살고 꺾꽂이나 접붙이기를 해도 잘 산다. 콩과에 딸린 식물이므로 뿌리혹박테리아가 질소를 만들어 내므로 척박한 땅에서도 잘 자란다. 땅은 토심이 깊고 비옥한 곳이 좋지만, 돌이나 모래가 많고 메마른 땅에서도 잘 자란다. 다만 습기가 많은 땅에서는 꽃이 잘 피지 않는다. 탄소동화작용이 활발하여 모든 나무 중에서 산소를 가장 많이 만들어 낸다고도 하고 희귀한 게르마늄 원소가 가장 많이 들어 있다고도 한다. 앞으로 내가 개인 주택에 살게 될 기회가 온다면 할아버지가 가르쳐주신 대로 반드시 회화나무 세 그루를 심을 것이며 내가 좋아하는 자귀나무, 계수나무, 쉬나무, 배롱나무도 심으련다.

*파이톤사이드(phytoncide: 수목에서 발산하는 살균력이 있는 미세 물질. 활엽수림보다 침엽수림에서 더 많이 발산된다) 흔히 피톤치드라고 하는데 이는 일본식 발음이라고 한다.

운동과 스포츠

난 향기가 온 집안에 가득하다. 청자 화분에 '쾌유를 빕니다. 강남문화원장 최병식'이란 예쁜 리본이 매달려 있다. 나는 '아파서 호강하고 난 향기에 행복합니다' 답례 문자를 보냈다.

초를 다투는 급박한 상황에서 응급실로 중환자실로 나는 6일 만에 퇴원을 했다. 당분간 최대 안정이란 의사의 처방을 받고 집에 와서 쉬는 중이었다. 조카가 병문안을 왔다.

"고모는 평소에 운동을 잘 안 해, 운동을 안 해서 이러는 거예요."

조카는 스포츠맨이다. TV에 가끔 나왔던 우리나라 유도 심판관이다.

운동이나 스포츠나 모두 건강의 유지나 증진을 목적으로 몸을 움직이는 일일 것이다. 체육은 개인의 체력향상을 위한 운동이고 스포츠는 경쟁을 통한 승부 방식으로의 운동경기이다.

우리 아버지는 일제강점기 때 경찰관의 신분으로 유도 검도 수영선수로 뛰었고 오빠 둘은 권투선수 조카들은 투포환선수 유도선수로 전국체전에 출전해왔던 선수들이다. 그야말로 대대로 스포츠 가족이다. 그런데 나는 어릴 때부터 병약하여 운동에는 소질도 없고 취미도 없었다.

초등학교교사로 근무 중이었을 때다. 교장, 교감까지 교사들이 편을 갈라 배구 농구 등 운동장에서 자주 시합을 했다. 그럴 때면 나는 사정없이 위축되고 만다. 상대편이 배구 서브를 하면서도 '구멍'이라며 나한테만 넣는다. 학생들도 빙 둘러 구경하고 있는데 나는 참 부끄럽기도 하고 창피스럽기도 했다.

어느 날이었다. 그날은 군민 친목 체육대회가 있는 날이었다. 벌써 두세 달 전부터 각 읍면 선수들은 축구 배구 농구 씨름 줄다리기 달리기 마라톤 등을 학교 운동장에 와서 맹연습을 한다. 해마다 종합우승을 해오던 임곡면이었다. 그날도 내가 근무하고 있는 고장, 임곡면 선수들은 필승을 다짐하며 대회장으로 떠났다. 나는 그들이 떠난 텅 빈 학교를 지키는 당직근무를 하고 있었다.

해가 지고 밖은 상당히 어두워졌는데 선수들이 아직 돌아오지 않아 나는 퇴근이 자연 늦어지고 있었다. 나는 다행히 학교 근처에서 살고 있었기 때문에 조금 늦어도 괜찮았다.

어둠 속에서 드디어 유니폼을 입은 선생님들을 포함한 선수들이 우르르 나타났다.

"이번에도 우승하셨지요?"하고 체육주임 선생한테 물어보았다. 술을 한 잔씩 하고 온 모습들이었다. 평소에 그렇게 점잖던 선생이 누군가한테 욕을 막 해대는 것이었다.

"그새끼 말이야, 새파란 새끼가 말여~ 하남면에 그 부정선수 땜에 우리가 졌단 말입니다. 배구 농구 씨름 달리기, 그 새끼가 완전 휩쓸어버렸어요."

내 고향 하남면 소리에 나는 귀가 번뜩였다.

"예? 그래서 하남한테 졌어요?"

"예! 그놈이 인물도 좋고 체구도 크고 모든 운동을 하두 잘해서 어떤 놈인가 뒤로 알아봤더니 글쎄 목포에서 고등학교에 다니는 놈이라고 하더라니까요."

혹시 이름이 김호중이 아니던가, 고 물었더니 맞단다. 나더러 어떻게 아느냐고 되물었다.

"아니, 바로 내 친조카예요. 우리 큰오빠 아들." 그랬더니 아니, 김 선생은 그런 조카가 있었으면 진즉 말하지 그랬느냐며 진즉 알았으면 우리 임곡면에서 모셔오는 건데, 한다.

나는 "임곡으로 데려오는 것이 오히려 부정선수 아닐까요?" 했으나 암튼 내년에는 꼭 우리 임곡에서 뛰어주라고 미리 부탁하란다. 그러기로 약속을 해놓고 나는 이듬해 동곡초등학교로 발령이나 와버렸다.

당사자인 조카와 시간 가는 줄 모르게 옛이야기를 했다.

막내인 나는 장조카와 9살 차이다. 조카 눈에 이 고모는 운동도 안 하고 비만인 데다 이렇게 큰 병에 지쳐 누워있으니 대단히 걱정스럽고 한심스러운가 보았다. "고모, 이제 일어나면 한강 주변이라도 고숙 손잡고 살살 걸어요, 사람은 햇볕을 쬐고 운동을 하고 땀을 쫙 흘리고 샤워를 해야 건강한 거예요. 그래야 스트레스도 안 쌓이고 그러잖아요." 충고 한다.

다행히 우리 아들들은 운동을 좋아하고 소질도 있는 것 같다.

건강한 신체에 건전한 정신이 깃든다고 했다. 전 세계에 우리나라 태극기를 휘날리는 김연아 손연재 박태환 또 축구 등 여러 스포츠 선수들을 보면 나는 언제나 대리만족을 느끼고 힘찬 박수를 보낸다.

별은 내 가슴에

별이라는 예쁜 이름을 가진 여자아이가 태어났다. 별이 엄마는 유명 MC인데 별이 아빠는 누구인지 성조차도 모른다. 그래서 별이에게는 아빠가 없다. 따라서 성씨도 엄마 성을 사용하게 되어 '허별'이다. 동식물에서 무정란이니 씨 없는 수박이니는 들어봤어도 사람이 아비 없는 자식이 생길 수 있는 일인가. 그러나 성모 마리아 몸에 예수가 잉태되듯이 별이라는 아이는 이 세상에 태어났다.

별이 엄마는 정자를 기증받아 딸을 얻었다고 한다. 그래서 세상 사람들은 그녀를 비혼모라 일컫는다. 미모의 프랑스 여배우 소피 마르소도 비혼모다. 그녀들은 모두 아버지 없는 자식을 낳았다. 소피 마르소는 어떤 사연으로 애 아버지를 밝힐 수 없는 것인지 궁금하다. 골드 미스들이 하는 말을 들어 보자.

가부장제 사회인 우리나라에서 결혼하면 여자는 남편 밥해줘 빨래해줘 밤낮으로 시중 들어줘야 해 애 낳아서 키워야 해 시댁의 온갖 애경사 다 참여해야지 거기에다 내 일까지 갖고 있다 보면 이 삼중고에 녹초가 되어버린다. 슈퍼우먼이 되지 못하면 스트레스에 현기증 호흡곤란 허탈감에 우울증, 조울증에 걸리기에 십상이다. 그래서 남자와 같이 살기는 싫고 아기는 낳아서 키워보고 싶다고 한다, 지금 이 시대에는 골드미스도 많고 이 모든 걸 참아내지 못한 나머지 이혼한 싱글맘, 싱글대디도 많다.

우리는 외로움에서 벗어나고파 애완동물을 품에 안고 다니는 사람들을 흔히 볼 수 있다. 자식은 애완동물하고는 다르지 않은가. 먼 훗날 아이가 성장해서 아버지의 존재를 알고 싶다고 조르면 어떻게 설명해줄 것인가. 아버지가 누군지 모르고 편모슬하에서 자라다가 아이가 커서 유명인이 되었을 때 가끔 아버지가 나타난 경우를 보긴 했다. 그 아버지는 유명한 아나운서였느니 재벌가였느니 그랬다.

인간이 성장하면서 조부모 부모 형제가 한 가정 울타리 안에서 같이 살면 얼마나 좋겠는가만 경우에 따라서는 일찍이 부모와 사별하고 꿈속에서조차 부모 얼굴을 모르는 사람도 있다. 자신도 모르게 먼 나라 타국 땅으로 입양되어 외로움과 절대고독과 괴로움으로 세월을 보내다가 수온을 따라 고향으로 돌아오는 연어처럼 눈물을 줄줄 흘리는 핏줄들도 보고 있다. 도저히 사람이 할 노릇이 아니었다. 그런 불행은 없어져야 할 것이다.

별이 엄마, 그녀는 예쁘고 똑똑하고 건강하며 매스컴의 스타이기도 하다. 모든 것을 다 가질 수는 없나 보다. 그녀는 결혼에 두 번 다 실패하고 요즘 말로 돌싱이다. 여자의 가임기를 22세에서 44세로 친다. 그녀는 노력을 했어도 애를 가질 수가 없었다. 여자로 태어나서 늦기 전에 애는 꼭 낳아보고 싶은데. 오직 소원은 한 가지였다. 뜻이 있는 곳에 길이 있다고 그녀는 현대의학을 총동원하여 임신을 하게 되었다. 그녀에게는 큰 축복이고 행복이었다. 임신을 하게 된 동기부터 임신 출산 양육 기간 동안 매스컴에서는 이슈화되었다. 그러건 저러건 그녀는 지극한 모성애로 별이를 잘 키우고 있다. 그러나 혼자서 애 키우기란 매우 어려운 일이다.

남자는 모른다. 모성애라는 것을. 그래서 편부슬하에서 훌륭히 잘 자랐다는 말보다는 편모슬하에서도 잘 컸다는 말을 더 많이 들을 수 있다. 여자 혼자 자녀를 키우는 데는 첫 번째로 경제력이 있어야 가능한 일이다. 그러려면 어느 정도 클 때까지 육아가 문제다. 애는 저절로 크는 것이 아니다. 일거수일투족에 눈을 떼지 못하고 온갖 질병으로부터 면역성이 생길 때까지 보호해야 된다. 그래서 옛날부터 가지 많은 나무에 바람 잘 날 없고 무자식이 상팔자라고까지 말하지 않았던가.

스타 중의 스타였던 C 씨가 어느 날 갑자기 자살했다. 그녀에게는 아직 한참 엄마의 눈이 손이 필요한 남매의 자식이 있다. 얼마 전까지만 해도 C 씨는 TV 화면에서 애들이 너무 사랑스러워 곧 애들에게서 한시도 눈을 떼질 못하는 걸 보았다. 그녀는 유명한

탤런트이기 전에 한 엄마임이 분명했다.

6년여를 혼자 그렇게 키웠다. 반면에 애들 아빠는 이혼하고 금세 다른 여자한테로 가버렸다. 사회의 변화로 애들 둘 다 엄마의 성씨로 호적이 바뀌기도 했다. C 씨는 경제력은 있었다 쳐도 혼자서 애 둘 키우느라 얼마나 몸 고생, 마음고생 속에 외로웠고 괴로웠는지 그만 눈을 감아버리고 말았다. 피곤한 이 세상 모든 일을 져버리고 싶었던 모양이다.

그 일은 곧 남의 일이 아니었다. 우리 모든 여성의 문제였고 가까운 이웃 같은 그녀를 잃은 슬픔은 여러 사람들의 마음을 허망하게 만들었고 슬프게 만들었다. 이혼하고 혼자서 애들을 키워나가는 여성들의 어려움을 대표로 보여주었던 것이다. 그녀는 죽었다. 그녀의 혼은 이제 누구에게서 어느 곳에서 위로를 받아야 한단 말인가.

사람은 혼자 살아갈 수 없다. 사람과 사람이 서로 기대어 살아가야 한다. 기댈 곳이 없어진 그녀는 결국 쓰러지고 말았다. 엄마를 기대고 있었던 어린 자녀들은 또 누구를 기대고 살아가야 할지 걱정스럽기 그지없다. 이 세상은 어차피 지뢰밭이고 도박판이라고 했다. 누구 한사람 평탄한 삶이 어디 있더란 말인가. 살아남는 비결은 없다고 했다. 무조건 버티는 것이라고 했다. 부모 자식이란 아주 가까운 인연으로 만났으면 그것이 내 몫이다 생각해야 한다. 서로 손 놓지 말고 발밑에 깔린 무수한 지뢰를 조심스럽게 피해가며 한세상 희로애락에 어울려 노래 부르며 살아내야만 사람의 도리라고 생각한다.

이 시대에 같은 나라에서 태어나 백 년도 살지 못하는 인생 함께 어울려 손에 손잡아주고 명대로 살다 가야지, 가슴에 허무와 슬픔만 잔뜩 안겨주고 먼저 가는 사람들은 뭇 사람들을 슬프게 한다.

별아, 너를 알고 있는 사람들은 너의 탄생을 모두 축하 해주고 있단다. 꽃이 피어나서 좋은 것은 보는 이들에게 아름다움을 전하기 때문이고 우리가 태어나서 좋은 것은 다른 이들에게 사랑을 전하기 때문이란다. 네가 태어나줘서 고맙다. 오늘도 네가 곁에 있으므로 누군가 행복한 하루가 될 수 있기를 네가 존재함으로 그 누군가 더 아름답고 윤기 나는 삶을 살아갈 수 있다면 그럴 수 있다면…….

진실로, 물론 내 가슴에도 내 딸 옆에 별을 함께 담아두었다. 나중에 커서 나를 왜 이 세상에 태어나게 했느냐는 둥 엄마에게 이 세상에게 서로 상처 주는 일 없도록 잘 자라주기를 바란다. 엄마란 훌륭한 한 사람 때문에 너는 이 세상에 태어나게 되었단다. 네가 인간으로 태어나지 못했다면 예전에 전생에 네 모습 '지수화풍' 그대로 있을 것 아냐? 어차피 우리 인간도 때가 되면 인간이란 허물을 벗고 지수화풍으로 돌아간단다. 잘살아 보자. 우리 별이 파이팅!

영원한 친구

우리는 부부동반 모임의 '영친회'가 있다. 영원한 친구란 뜻으로 남편의 고등학교 때 친구 9명으로 결성된 친목 그룹이다. 지금은 부부동반으로 모이니 인원수가 배로 늘었다. 이 중 한 사람은 일찍 저세상으로 떠났고 나머지 8쌍은 연 1회 해외여행을 하며 40여 년 동안 변함없이 우정을 잘 쌓아오고 있다.

더구나 남편과 나는 고등학교 동기생이기 때문에 남편 친구들도 거의 나하고 동갑이다. 그런데 아니 이럴 수가, 이런 우연히 있을까. 알고 보니 남편 친구 중에 G 씨는 나하고 생년월일이 똑같았던 것이다. 나하고 생년월일이 똑같은 친구는 이분 말고도 두 명 더 있다. 여고 동창 중에 내 짝꿍 영희와 아들 친구 엄마, 그래서 이제 네 사람이 되었다. 어딘가 더 있겠지만 지금까지는 네 사람밖에 모른다. 이렇게 만났다는 것은 인연 중의 인연일 것이다.

큰아들을 낳고 둘째를 임신한 내가 D초등학교로 전근했을 때다. 그 학교에 예쁜 처녀 선생들이 많이 있었다. 나는 처녀 때부터 미팅 주선하기를 좋아해서 역시 그 학교에서도 처녀 선생들에게 어떤 신랑감들을 원하는지 물었다. 그런데 다양한 직업보다 '나 선생질 안 시킬 사람한테' 로를 원했다. 수첩에 생년월일시, 본적, 가족 등을 기록 하는데 아니 또 이럴 수가. 그중에 G 선생이 아까 내 남편 친구 G 씨의 친동생이 아닌가. 반가웠다. G 선생의 얼굴을 다시 한 번 똑똑히 보니 닮은 데가 많아 오누이가 분명했다. 내가 바로 오빠 친구 부인이라고 밝히자 후에 우리는 더 가까운 사이가 되었다.

나는 제일 먼저 G 선생을 내가 잘 아는 아주 잘생긴 약사와 미팅주선을 했다. 약사는 대번에 맘에 들어 하는데 G 선생은 아니라고 한다. 그 학교에서 총각과 처녀 선생들을 여러 명 주선해보았지만 한 명도 성공시키지 못했다. 내 경험으로 보면 미팅주선의 성공률은 매우 낮다.

세월이 한참 흐른 지금도 G 씨한테서 동생 G 선생의 소식은 잘 듣는다. 그런데 이건 또 무슨 인연인가. G 씨의 부인이 나와 같은 광산김씨 한 항렬이다. 오빠와는 생년월일이 같은 친구이고 동생은 같은 직장의 동료, 아내는 같은 집안, 세상에 이런 인연도 흔치 않을 거란 생각이 든다.

사주가 같으면 팔자도 같을까. 현대판 오복은 첫 번째로, 건강한 몸을 가지는 福과 두 번째로, 서로 아끼면서 지내는 배우자를 가지는 福. 세 번째로, 자식에게 손을 안 벌려도 될 만큼의 재산을 가지는 福. 네 번째로, 생활의 리듬과 삶의 보람을 가질 수 있는 적당한 일거리를 갖는 福. 다섯 번째로는, 나를 알아주는 참된 친구를 가지는 福을 말하고 있다. G 씨는 L공사 서울본부장으로 정년, 1남 1녀를 두었고, 내 친구 영희는 초등학교 교사로 근무하다가 군인인 남편을 따라 이사를 자주하는 바람에 가정주부로 역시 1남 1녀를 두었다. 아들 친구 엄마는 남매를 두었는데 아들 친구는 성형외과 의사이다. 나는 같은 부부공무원을 하다가 주부로 들어앉아 2남 1녀를 두었다. 지금까지 세 가족 모두 건강하고 경제적으로도 원만하며 부부 금실 좋고 자식들 모두 착하게 잘 자랐다. 이만하면 사주가 같은 네 사람 모두 팔자가 좋은 편 아닌가 생각해 본다.

우리는 생일날 서로 전화해서 서로의 생일을 축하한다. 그러면 웃기면서도 재미있다. 이제 회갑은 지났으니 앞으로 칠순 팔순까지도 우리 모두 무사히 행복하게 맞이했으면 좋겠다.

영친회 모임에 나가면 꼭 나만큼 나란히 세월 보내며 아직 탱탱한 G 씨를 보며 아, 나도 저만큼밖에 안 늙었겠구나 하고 위안을 받는다.

동시대에 생년월일까지 같은 남녀 친구를 만나 서로 가깝게 지내며 즐겁게 살아가고 있다는 것이 나에게는 정말 행복한 일이다. 우리 넷이야말로 영원한 친구가 아니런가.

말의 씨

이사를 하고 우리 집을 방문한 손님이 들어오면서 혀를 찬다. 엘리베이터에서 막 나오다가 자전거에 걸려 데리고 온 애가 넘어졌다는 것이다. 나는 그 말을 듣고 앞집에서 세워둔 자전거를 계단 다섯 개 아래에 사람이 다니지 않는 널찍한 곳에다 옮겨놓았다.

다음날 보니 자전거는 엘리베이터 앞 제자리에 다시 놓여있는 것이다.

초등학생 우리 아이가 학교에 다녀오면서 자전거 때문에 엘리베이터 스위치 누르기가 불편하다고 또 불평을 한다. 어찌한다. 이사 오자마자 이웃한테 그 자전거 좀 치워달라는 말도 차마 못하겠고. 우리 어른들이야 다소 불편하더라도 참는다지만 고민하고 있던 차에 자전거 주인인 앞집 초등학생과 엘리베이터 안에서 딱 마주쳤다. 약간 비만한 듯 보였지만 귀엽고 착하게 생긴 사내아이였다. 같이 내리면서 내가 계단 아래를 가리키며 얘야, 이 자전거 저기에다 두면 좋지 않겠니? 하자, 들어 올리고 내리기가 힘들어요. 그런다. 이까짓 계단 다섯 개 오르내리기가 불편해? 그만큼 운동도 되고 오히려 더 좋지! 했어도 자전거는 그 자리에 몇 개월째 계속 버티고 있었다. 낮에는 불편한 대로 우리 집 식구들은 적응이 돼서 괜찮았는데 밤에는 자전거만 보면 짜증이 났다.

밤이었다. 양손 가득히 음식쓰레기와 재활용품 등을 들고 나가다가 자전거가 몸에 걸려 나는 에잇, 이 자전거, 도둑이나 맞아버려라, 하고 발로 툭 찼다.

우리 아파트 엘리베이터 안에는 공동생활 하는 이웃 간에 예의를 서로 지키자며 층간소음, 개 짖는 소리, 베란다에서 담배 피우는 행위 등을 삼가자고 써 붙어 있다. 주차문제도 마찬가지다. 서로 배려를 해야 하는 미덕이 있어야 즐거운 생활이 되는데 이렇게 이기적이면 어느 한쪽이 그냥 참아버리고 싸움까지 가진 않더라도 눈총 입총 손가락총을 받게 된다. 그 자전거는 나한테 눈총을 받아가며 그 자리에 오래도록 버티고 있었다.

어느 날 아침에 문을 열고 나오니 앞에 자전거가 없다. 훤하고 좋았다. 애가 타고 나갔나보다 생각했다. 그런데 다음날도 그다음 날도 자전거는 그 자리에 없었다. 자전거를 집안에 들여놓고 가족들이 해외여행이라도 떠났나? 궁금했지만 하루에도 몇 번씩 드나드는 엘리베이터 앞에 우선 장애물이 없어졌으니 내 맘은 편하고 좋았다.

그러던 중 우연히 엘리베이터 안에서 그 학생과 다시 마주쳤다. 얘, 자전거는 어쨌니? 하고 물었더니 도둑맞았어요, 한다. 나는 깜짝 놀라서 아니, 집 앞에 와서 누가 가져가 버렸단 말이야? 그렇다면 도둑이 우리 집 대문 앞에서 서성거렸겠다고 생각을 하니 온몸에 소름이 끼쳤다.

아녜요, 그런다. 그럼? 하고 묻자 하교 후 자전거를 타고 이웃 아파트 친구 집에 놀러 갔다가 나와 보니 감쪽같이 없어져 버렸단다.

순간 나는 이 학생 또래였을 때의 우리 막내아들 생각이 났다. 아들이 그토록 원하던 자전거를 생일 선물로 제 아빠가 큰맘 먹고 한 대 사주었다. 아들은 밖에서 신나게 타고 놀다가 현관에 들여다 놓고 걸레로 깨끗이 닦고 애지중지 제 딴에는 보물 1호였다. 날마다 즐겁게 재밌게 타고 놀았다. 당시 1층에서 살았기 때문에 자전거를 들고 날기도 편했다. 그래도 혹 모르니 자물쇠를 하나 사달라기에 사줬다.

어린이날이었다. 아들은 쉬는 날이라 일찍부터 자전거를 끌고 나가 친구들과 석촌호수를 한 바퀴 돌고 온 모양이었다. 애가 땀을 뻘뻘 흘리고 들어오더니 찬물을 벌컥벌컥 들이마셨다. 그리고 무언가를 들고 다시 나갔다. 그런데 금방 벨을 누른다. 입술이 파래져 울먹이며 들어왔다. 잠깐 현관 앞에 세워둔 자전거가 없어졌다는 것이다. 자물쇠를 채워놓았는데 끊어진 줄만 바닥에 나뒹굴더란 것이다. 나도 허망한데 저는 얼마나 더 실망했을까 하필 어린이날 이게 무슨 일이람? 마음이 아팠다.

나는 앞집 아이의 얼굴을 빤히 보며 그랬었구나, 참 안 됐다, 그런데 어쩌겠니? 네가 자전거 타다 사고 난 것보다는 낫지 않니? 액땜했다 생각해버려라. 하고 머리를 쓰다듬어 주었다.

집에 돌아 와 생각하니 내 말이 씨가 된 것 같아 미안한 마음이 들고 그 순박하고 착하게 생긴 얼굴이 자꾸만 머릿속에 떠올라 앞으로는 입조심하며 살아야겠다고 다짐했다.

동곡아재

96세이신 동곡아재의 부음을 받았다. 아재 살아계실 때 그동안 나는 가끔 뵈러 갔었다. 아재 나이 90세 때였다. 손주들이 옥상을 향해 손님 오셨다며 할아버지를 큰소리로 불러댔다. 좁은 계단을 따라 옥상으로 올라가 봤다. 쭉 늘어서 있는 화분에 고추가 주렁주렁 매달려 있고 한쪽 닭장엔 통통하게 살찐 닭들이 많았다. 아재는 나를 보더니 반가워하셨다. 아재의 손을 잡고 계단을 내려와 토방에 앉았다.

지금은 도시 한복판이 되어버렸지만 내가 태어나던 그때 이곳은 무논에서 개구리 떼울음 소리가 요란했다. 우리 집은 상머슴 꼴머슴을 들이고 사는 넓고 큰집이었고 아재네 집은 우리 집 옆에 아주 작은 집이었다. 우리 아버지는 많이 배웠고 아재는 학교라고는 문 앞에도 가보지 않았으며 많은 형제간 중 장남으로 부모님 모시고 좁은 집에서 농사지으며 어렵게 살고 있었다. 아재는 키도 크고 건강하고 잘 생기신 데다 마음씨도 고왔건만 그때나 지금이나 그런 곳으로 시집올 아가씨는 없었다. 이를 언제나 안타깝게 여기던 우리 어머니는 언니네 시누이를 중매해 이불까지 선물하며 잘 보살펴주었다.

보통 7남매 이상씩의 자식을 낳던 시대에 아재는 2남 1녀인 3남매를 낳고 단산을 했다. 반면, 우리 아버지는 우리 어머니한테서 2남 2녀를 낳았고 제2 제3의 다른 여자들한테서 3형제를 낳아와 7남매를 두었다.

아재는 당신의 형님 되는 우리 아버지가 공직생활로 객지로 나가 딴 여자와 살림을 하고 있어 돌보지 않는 우리 어머니의 사정을 누구보다 잘 이해하고 바로 곁에서 모든 일을 내 일처럼 잘 도와주셨다. 그때 나는 저런 분이 우리 아버지였더라면 얼마나 좋을까 하고 아재를 좋아하고 따랐다.

가까이에서 아재의 얼굴을 들여다보니 누가 90이라고 믿겠는가 싶게 잡티 하나 없이 피부가 아직도 깨끗하고 고왔다.

아재는 미래를 내다보며 삶을 계획하여 살아오신 분이다. 집안에 장남을 잘 가르쳐 놓으면 밖으로 나가 살게 된다며 큰아들은 서당에 보내 한문공부만 시켰다. 그리고 농사일을 시키며 3대가 한집에서 살았다. 내 동갑인 작은아들은 잘 가르쳐 내보내 육군장교로 복무했다. 그리고 돌아가실 때까지 장남과 장손과 쭉 한 지붕 아래에서 살아왔다.

지금 동네는 내 어릴 때 추억의 뒷산이나 전답들은 광역시로 편입되면서 도시화되어 모두 없어져 버렸다. 동네 어른들도 손에 꼽을 정도로 몇 분 뿐, 거의 다 돌아가셨다. 우리 어머니는 아재한테 늘 그러셨다. "시아제, 절대 내 앞에 가지 말고 나 죽으면 예쁜 꽃상여 태워 노래 부르며 동네잔치 해줘야 해요. 꼭 그래 주세요." 하고 당부 당부를 드렸다. 아재는 그 말대로 우리 어머니 상여가 마을 앞에서 멈춰 거리제를 지낼 때 술 한 잔을 곱게 올리고 절하셨다. 그때 우리 어머니는 아제의 배웅을 받으며 아주 편안하게 저세상으로 가셨으리라 생각한다.

아재는 옛날을 더듬으며 내게 말씀하셨다.

"니 어머니가 10년 만에 너를 가졌는디 당최 너를 못 낳는 거라. 우리 어머니가 너를 받을라고 지켜보고 있다가 얼마나 애가 터졌는가 산모하고 둘이 어찌할 바를 몰라 울고만 있었다. 그때가 음력 10월이었느니라. 내가 벼 타작을 하다말고 곧장 읍내, 삼방병원으로 달려갔느니라. 딱 30분 걸리더라. 의사가 없어. 어디 갔느냐고 물었더니 그 옆에 술집에 있다고 하더라. 술집으로 찾아갔더니 진료비 못 받을까 봐 논은 몇 마지기나 짓고 밭은 몇 마지기, 애 아버지는 뭣 하는 사람이고를 묻더라. 애가 타 술을 꼭 한잔 먹고 싶은디 빈손으로 왔으니 어쩔꺼냐? 별수 없이 술집에 가서 니 외삼촌 이름을 달아놓고 외상술을 마시고 집에 왔더니 의사가 나보다 더 먼저 와있더라. 의사는 자전거로 왔기 때문이었다. 나중에 내가 쌀 한 섬 져다 주었느니라. 그래서 니 별명이 쌀 한 섬이었다."

아재는 우리 어머니와 나, 두 생명을 구해준 셈이었다. 나는 지갑을 열어 용돈을 조금 쥐여 드렸다. 한사코 사양하시는 아재에게 "오늘 우리 어머니 이장을 했는데 우리 어머니가 아제를 찾아뵈라고 해서 이렇게 찾아뵈었습니다." 했더니 "응, 그렇구나, 니 어머니가 돌아가신 지도 벌써 8년이나 됐구나. 참 세월 빠르다." 하시며 허공을 바라보고 한숨을 길게 내쉬었다.

그 한 달여 전에 아재는 일생에 한 여자만을 사랑했던 아내를 잃었다. 소주 몇 잔씩을 들이켜며 먼 산만 우두커니 바라보다가 하루하루를 지내신단다고 했다. "지난번에 니가 보낸 부의금도 잘 받았다. 고맙다." 하시며 내 손을 쓰다듬어 주셨다.

아재는 연로하신데도 귀도 눈도 총기도 좋으셨다. 이 세상을 교과서처럼 바르게 살아오신 동곡아재는 요샛말로 정말 9988234(아흔아홉까지 팔팔하게 살다가 이삼일 앓다 죽는다)하실 것 같았다. 아재의 이야기는 나에게 살아있는 역사책이었다. 아재, 부디 건강하시길 바랍니다. 또 올게요, 하고 돌아왔었다.

그리고 작년에 우리 어머니 산소에 다니러 갔다가 언니와 함께 또 아재를 찾아뵈었다. 이제 피골이 상접하여 거동을 못 하셨다. 그렇지만 총기는 그대로셨다. 언니가 아재 손에 용돈을 쥐여 드리며 엉엉 울었다. 아재도 눈물을 흘리시며 고맙다, 하셨다. 그때가 아재와 이 세상에서의 마지막 상면이었다.

언니는 늘 그런다. 사람이 많이 배웠다고 인격자가 아니다. 우리 동곡아재처럼 부지런하고 인정 많고 성실하게 산 사람이 인격

자지, 사위를 고를 때는 우리 동곡아재 같은 성품을 지닌 사람을 골라야 한다고 꼭 강조한다.

만약 저세상이 있다면 먼저 가 계신 우리 어머니와 동곡아재는 지금쯤 그곳에서도 예전처럼 한데 모여 오순도순 잘 지내시리라 생각된다.

묵언 수행

수술실에서 남편의 수술을 집도한 의사가 수술복을 입은 채로 복도에서 보호자를 찾는다. 수술환자 대기실에 있던 나는 얼른 의사한테 달려갔다. 남편의 수술은 잘 마쳤다며 수술 후 목소리가 더 안 좋아질 수도 있으니 수술 후 약 열흘 동안은 말을 하지 말 것이며 심지어 속삭이는 말까지도 말라고 당부한다.

남편은 태어나 종합병원에서 전신마취하고 수술받아보기는 처음이다. 얼마나 두렵고 가슴 떨렸을까, 나는 다시 환자 대기실에서 아직 회복실에 있는 남편이 나오기를 기다리고 있었다.

3개월 전이었다. 유리 창틀에 먼지를 털어내고 닦느라 먼지를 많이 마셨던가 보다. 목에 탈이 났다. 몇 날이 지나니 목소리가 이상했다. 가까운 이비인후과에 가서 진찰을 받고 오더니 큰 병원에 한번 가보라고 권유하더란다. 나는 순간 혹시 큰 병 걸린 건가, 하고 깜짝 놀랐다.

종합병원으로 갔다. 성대에 문제가 생겼는가 보았다. 수술은 필수라고 했다. 온갖 검사를 마치고 수술 날짜를 잡아주며 입원하고 다음 날 수술하고 그다음 날 퇴원한다고 하니 그다지 심각한 병은 아니지 싶었다.

대기실에 앉아 있으니 지나온 생활이 주마등처럼 지나간다.

직업 상이라지만 남편은 술 담배를 즐겨했고 친구들을 좋아해 밤을 새워가며 화투도 쳐서 내 속을 많이 상하게 했다. 그로 인해 부부싸움도 많이 했고 나는 남편을 100점 만점에 49점까지 매긴 적도 있었다. 남편한테 지금까지 물어보진 않았지만, 남편 역시 그렇게 앙중거리는 아내를 50점 이하로 생각했으리라 짐작된다. 서로가 불만이 쌓이고 쌓일 때는 우리가 서로 사랑한 적이나 있었나, 싶을 정도로 가정 안에서 한동안 미워만 하고 산 적도 있었다. 그러나 나는 어느 한순간 깨달음이 왔다. 부부는 한 몸이다. 남편은 바로 내 거울이었다. 내가 남편을 미워함은 나를 미워하는 것이고 남편한테 눈 흘기면 결국 나한테 눈 흘기는 것이었다. 내가 남편을 사랑하면 나를 사랑하는 것이 되었다. 이제부턴 나를 사랑하자.

시를 한 편 써서 남편이 잘 보이는 곳에다 붙여 놨다.

자기야, 고마워! 나랑 살아줘서
자기야, 미안해 나, 가끔 당신 미워 한 적 있거든?
자기야, 용서해줘 나, 실수 많이 했거든?
자기야, 사랑해 어제도 오늘도 그리고 내일도 …….

이심전심으로 그 효과는 100퍼센트였다. 남편은 내 손을 잡으며 자기가 되레 나한테 해줘야 할 글이라고 한다. 이젠 남편이 담배도 끊은 지 10여 년이 넘었고 술도 줄이고 화투는 딱 끊었고 그런 취미들은 독서와 공중파 온갖 스포츠 중계에 몰두하고 있다. 건전한 취미생활을 하고 있으니 건전한 가정이 되었다. 그야말로 가정은 행복을 만드는 전당이 되었다. 지금 남편의 점수는 99.9다.

회복실에서 한 명 한 명 침대에 실려 나올 때마다 환자 이름을 부르며 보호자를 찾으면 대기실에서는 일제히 그곳으로 시선이 집중된다. 남편의 이름을 부르는 것 같아 벌떡 일어나 달려갔더니 웬 할머니시다. “김정분 님 보호자 되십니까?” 한다. 김정윤과 이름이 비슷해서 헷갈렸다. 계속 지키고 있다가 잠깐 화장실에라도 갔는지 그분의 보호자가 안 나타나니 다시 그 환자를 회복실로 데려간다. 그러고도 한참 뒤에야 남편은 주렁주렁 링거가 매달린 채 회복실에서 나왔다. 침대에 누워있는 남편을 내려다보니 가슴이 울컥하고 눈물이 확 쏟아진다. 남편 역시 나를 보더니 눈물을 주르르 흘린다.

시부모님 두 분이 모두 85세 이상 무병장수하셨고 형제자매 모두 다 건강하여 남편은 평소에 잔병치레 한번 없이 타고난 건강 체질이었다. 이렇게 전신마취에 입원까지 해가며 수술을 받은 것은 누구보다도 본인이 큰 충격을 받았을 것이다.

집도한 젊은 의사가, 나도 두 번이나 큰 수술을 받은 바 있는데 이 연세에 이번이 처음이라니 건강하게 사셨음을 축하한다고 위로한다.

생각보다 병변이 커서 수술시간이 더 길어졌다며 조직검사 결과는 일주일 후에 나온다며 퇴원 후의 주의 사항을 일러준다. 처방된 약 잘 복용하고 절대 말을 하지 말라고 당부한다.

평소에 우리 둘은 말을 많이 하는 편이다. 주로 쓸데없는 말을 많이 하고 살았던 것 같다. 앞으로 얼마 동안은 말없이 눈으로 귀로 필담으로 의사소통을 해야만 한다. 말이 많으면 쓸 말이 적다고 했다. 그동안 영양가 없는 말 많이 했으니 묵언 수행하라고 우리에게 벌을 내린 것 같다. 묵언 수행이 끝나면 우리는 도인이 돼야 할 텐데.

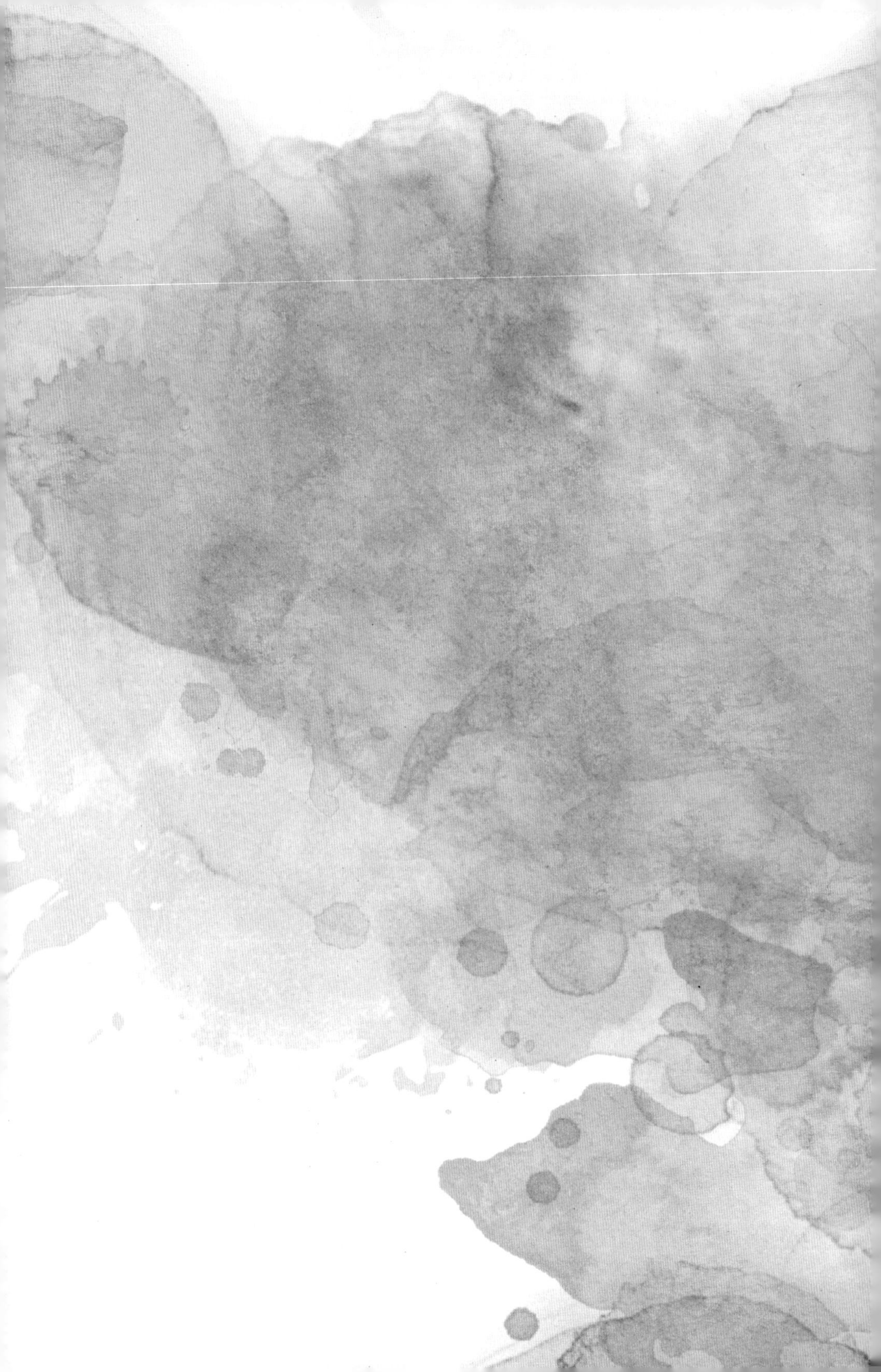

4

한강 변에 앉아

눈은 구백 냥

걷다 보니 산책로 3Km라는 화살표가 그려진 표지판이 보인다. 산책로를 따라 산으로 300미터쯤 올라갔을까, 원근(遠近)과 고저(高低)가 또렷하게 잡히지 않는 나의 시력으로 발걸음은 조심스러웠다. 동료들 속에서 자꾸만 뒤처지는 나는 그만 뒤돌아설 수밖에 없었다.

지난해 11월 어느 날 밤이었다. TV를 보면서 머리가 아파 왼쪽 눈을 비볐는데 순간, 오른쪽 눈에 비치는 아나운서의 얼굴이, 또 밑에 자막의 글씨가 사정없이 찌그러져 보이는 것이다. 어, 이상하다 왜 이러지, 하고 다시 왼쪽 오른쪽 눈을 번갈아 가려가며 확인해보았다. 왼쪽 눈은 정상인데 오른쪽 눈은 사람 얼굴이 마치 뭉크의 〈절규〉처럼 보였다. 기분이 찜찜하고 겁이 났다.

그동안 안과에 많이 드나든 문우한테 물어보았다. 안과는 S병원이 제일이라는 정보를 준다. 다시 여러 사람한테 물어보고 또 입소문으로 듣고 명의라는 K안과를 선택했다. 안압, CT 등 여러 검사 끝에 망막열공이라고 한다. 처음 들어보는 생소한 병명이었다.

수술받을 날짜를 잡아준다. 수술은 2시간 정도 걸린다고 한다. 두렵기도 하고 무섭기도 하고, 우리 신체에서 눈은 구백 냥이라는데 걱정이 앞섰다.

수술 날짜 당일, 지난밤 잠을 설치고 아침에 일찍 일어나 물끄러미 내다보고 있는 창밖에는 낙엽이 마지막 한잎 두잎 떨어지고 있었다. 아침을 먹고 신문을 보니 평소 가깝게 지내던 소설가 K 교수님이 오랜 투병 끝에 돌아가셨단다. 내 마음이 더욱더 우울해졌다.

수술대 위에서 겁나고 무섭고 두려운 가운데 마취가 되었다고 한다. 의사가 "지금부터 김용림 님의 망막열공 수술에 들어가는데 하느님이 함께하시어 도와주십시오." 하고 기도를 한다. 나도 모르게 아멘, 했다. 2시간 수술 동안 불안하고 긴장되어 두 손에 진땀이 났다. 끝날 때 또 의사가 "수술 마쳤습니다. 앞으로 감염 없이 상처가 잘 아물 수 있도록 도와주십시오."하는데 든든하고 믿음이 가며 크게 위로가 되었다.

수술 후 감고 있는 눈동자 안에서 파란 불꽃 같은 오로라가 시계방향으로 막 돌아갔다. 다음날에는 검은 동자 안에서 검은색의 올챙이같이 생긴 것이 20마리쯤 제멋대로 움직였다. 다음엔 그냥 동그랗게 검었다. 그리고 날이 갈수록 조금씩 흐리게나마 물체가 보이는데 물이 출렁거렸다. 그게 '가스'라고 한다.

아침 6시에 일어나 눈약 한 방울을 점안한다. 소염제이다. 두 시간마다 넣는다. 또 4시간마다 넣는 약도 있다. 이것 역시 수술 후 소염제이다. 그리고 하루 8시간 이상 엎드려 있어야 했다. 의사의 말이 3주 동안 눈이 퉁퉁 붓도록 엎드려 지내야 한다고 해서 지시대로 따랐다. 남편이 밥도 하고 집안일은 도맡아 했다.

수술한 지 16일째 겨우 일기를 썼다. 아직도 오른쪽 눈에 시력이 없고 침침하다. 그동안 여러 문우들이 병문안을 왔다. 엎어져서 라디오를 듣고 지냈다. 내가 평소에 그리워하는 사람들한테서 내 휴대폰에 위로의 문자가 날아왔다.

"아이고 놀래라, 고생 많았소. 오늘 해미성지 막 다녀왔소. 미리 알았으면 기도 많이 하고 왔을 텐데."

"다행이오. 한쪽 눈이라도 건강해서 몸 건강관리 잘하시어 좋은 글 많이 써주시오."

"힘들었겠구나. 빨리 쾌유하기 바람."

"수술 후 경과는 어떤지? 빨리 쾌유하기 바람."

모두 모두 관심 가져주고 사랑스런 말 남겨주어 고마웠다.

15% 색깔이 들어있는 보안경으로 위장을 하고 며칠 만에 외출을 했다.

눈 안에서 물이 출렁거린다. 하루하루 조금씩 아주 조금씩 밑으로 내려가고 그나마 보이는 부분은 흐려 불편하다. 나만 불편하다. 나를 보는 사람은 나의 눈 내부에서 일어나고 있는 상황은 아무 것도 이해하지 못한다.

한번 고장 난 나의 눈은 미래가 불투명하고 불안하게 만들었다.

가족들이 모두 출근하고 나면 나 혼자 라디오도 켜고 TV도 간간이 켜 보고 컴퓨터도 열어본다.

어제 내린 눈은 32년 만의 폭설이란다. 온 세상이 눈으로 하얗다. 오후 5시면 서향집이라서 아파트 베란다에 노을의 풍경화가 아름답게 그려진다. 20분 후면 해가 보이지 않고 바로 어둠이 내린다. 밖을 내다본다. 해가 더 아름답다. 붉은 노을이. 5시 10분, 이제 해가 쏙 들어가 버렸다.

오랜만에 머리끝에서 발끝까지 깨끗이 씻었다. 그리고 크림마사지도 했다. 너무 상쾌하고 기분이 좋았다. 수술 결과에 두근거림으로 안과에 갔다. 산동제를 점안하지 않고 가서 많이 기다렸다. 아직도 가스가 남아 있으니 일주일 후에 CT 촬영도 하고 최종 결과를 보잔다. 수술 후 80%는 망막에 구멍이 메워지지만 20%는 메워지지 않아 재수술을 해야 한다고 했다. 그래서 "가스가 없어지기 전에 망막이 붙어야만 한다"고 했는데 물체가 꺾이는 증상은 그대로이고 거기에 수술후유증으로 침침하기까지 해 결과를 기다리는 나는 정말 우울했다.

결과가 나왔다. 불행하게도 나는 20% 쪽에 속해 버렸다. 한 달 후 재수술해야 한단다. 힘이 빠졌다. 그렇지만 별도리가 없었다. 나의 눈, 그동안 소중했던 것을 새삼 느꼈다.

예쁘지도 않은 내 눈은 일생동안 탈도 많았다. 아주 어렸을 때부터 나는 다래끼에 결막염에 알레르기에 익상편까지 생겨 시달렸다. 이제 망막열공에 수술까지, 그도 재수술까지 하게 된 것이다.

나는 놀라는 일, 속상한 일, 겁나는 일을 너무 많이 겪으며 자랐다. 그래서 나 혼자 우는 날이 많았다. 울어서 해결될 일이 아니었는데 어려서 아무것도 몰라서 그랬었던가 보다. 지금 생각해도 어린 내 눈에 내 주위 어른들은 감당할 수 없을 만큼 내게 너무 많은 고통을 안겨주었다.

재수술을 하는 날은 하루가 무척이나 길게 느껴졌다. 수술 후 눈이 퉁퉁 부었다. 다음날부터 하루하루 회복되어가는 동안 1차 때와 같이 눈 속에 가스 방울이 구슬만 하다가 녹두 알만큼 하다가 좁쌀알만큼 하더니 어느 날 완전히 사라졌다.

안과로 갔다. CT 촬영결과를 불안 초조 속에 기다렸다. 이번에 성공하지 못하면 3차 수술은 없다. 그대로 살아야 한다. 기다리는 시간이 아주 길게 느껴졌다. 드디어 구멍이 메워졌다는 진단이 나왔다. 우선 안도감이 들고 기뻤다.

지난 6개월 동안 그러구러 고생한 내 눈은 아직도 정상으로 돌아오지 않았다. 의사의 말은 날이 갈수록 차차 좋아질 거라고 두 달 후에 다시 와보라고 했다. 내 오른쪽 눈은 오늘도 불편하다. 눈의 소중함을 많이 느끼며 아, 옛날이여, 하며 살아간다.

오늘은 present

어제는 history 오늘은 present, 내일은 mystery라고 한다.

이른 아침에 극심한 가슴 통증이 발생하였다. 그 통증은 일찍이 경험하지 못했던 것으로 가슴이 찢어지듯 벌어지는 듯 숨이 턱턱 막히는 증상이었다. 차라리 숨이 딱 멎어버린다면 좋겠다 싶었다.

119에 SOS를 쳐 집에서 가까운 한양대병원 응급실로 갔다. 공포스러운 고통을 30분 정도 견뎌냈다. 병명은 심근경색이라고 한다. 급히 심장 Stent 시술을 받았다. 전신마취를 하지 않았기 때문에 의사의 말이 모두 내 귀에 들렸다.

"이 정도면 굉장히 아팠겠는데 어떻게 참아냈을까?" 한다.

시술 후 나는 침대에 그대로 누운 채 중환자실로 옮겨졌다. 중환자실은 가족들조차도 면회가 오전 11시, 오후 7시, 30분씩 하루 두 번으로 제한되어 있었다. 그리고 환자는 의식이 있든 없든

간에 침대 위에서 대소변 같은 것도 다 처리해야 한다. 나는 다행히 의식도 또렷하고 카테터도 삽입하지 않았는데 저쪽 침대에 어떤 남자 환자는 상당히 위중한 모양, 간호사가 카테터로 흘러나오는 소변량을 수시로 체크하고 있었다.

심전도 검사 피검사 바이털 사인 체크를 계속하다가 이틀째, 일반 병실로 옮겼다. 이제 살아났나보다 생각이 들었다.

가까운 곳에 살고 있는 병치레를 수없이 한 강남문화원 강 이사한테 동병상련으로 문자를 쳤더니 금방 큰 과일바구니를 들고 병문안 1호로 왔다. 참 반갑고 다소 위로가 되었고 고마웠다.

"아이구~ 초를 다투는 병인데 병원에 빨리 오기를 참 잘하셨어요. 내 지인인 가수 코리아나 멤버인 홍화자 언니 남편이 손 쓸 틈도 없이 송파경찰서 앞에서 가버리셨잖아요." 한다. 그렇다. 나도 신문에 뉴스에 이미 들은 바 있다. 평소에 지니고 다니던 NTG란 비상약을 찾다가 그만 숨이 멎어버렸다고 했다.

무서운 병, 심장병, 심장은 일생 24시간 밤낮으로 뛰어야지 최장 4분간만 멈춰지면 죽는다고 한다.

3일째 되는 날, 나를 살려낸 의사 얼굴을 볼 수 있었다. 나에게 신이고 구세주 같은 생각이 들었다. 심전도, 엑스레이, 피검사. 혈압, 동맥경화 검사, 가지 수많은 약을 복용하며 94세, 86세 심혈관질환을 앓고 있는 치매 할머니들과 많은 양의 약에 그만 녹초가 된 나, 이것이 병실의 풍경이었다.

6일 만에 퇴원 허락이 떨어졌다. 한양대 동문이라고 병원비

10%를 감해준다. 날씨가 참 좋았다. 그동안 목련과 벚꽃이 다 사그라져버렸다.

간호사인 내 조카가 병문안을 왔다.

조카는 울면서 "이모 살아줘서 고마워요. 언니인 우리 엄마보다 이모가 먼저 가면 절대 안 돼요. 이모 사랑해요. 우리 병원에서도 가끔 있는 일이지만 응급실에 도착하자마자 숨이 멎어버린 사람도 있어요, 그런 일이 생기면 환자 측과 병원 측에 결국 의료분쟁이 일어나고 오래도록 시끄럽답니다." 하며 주의 사항들을 일러준다.

우리 몸에 있어 심장이 제일 중요한 장기이다. 단 1회의 심근경색만으로도 사망 확률은 75%이고 급성 심근경색증은 협심증과 달리 심장근육을 먹여 살리는 관상동맥이 갑작스럽게 완전히 막혀서 심장근육이 죽어 가는 질환이다. 발생 직후 병원에 도착하기 이전에 환자의 1/3은 사망하게 되며 병원에 도착하여 적절한 치료를 받더라도 사망률이 5~10%에 이르는 무서운 질환이다. 치료의 핵심은 가장 빠른 시간에 막혀 있는 관상동맥을 다시 열어 주는 것이다.

내가 이런 병을 앓고 나니 주위에 나 같은 경우가 참 많이도 일어나고 있었다. 예후가 좋은 경우는 7년 전에 스텐트 삽입했는데 지금까지 펄펄 날아다닌다. 응급조치만 잘하면 마치 아무런 일도 없었던 것처럼 그냥 일상생활을 한다. 그러는데 좋지 않은 경우는 시골길에서 걷다가 쓰러져 곁에 사람이 없어서 그대로 사망,

유도선수가 점심을 먹고 나서 갑자기 가슴이 너무 아파 가까운 병원으로 갔는데 더 큰 병원으로 가라기에 이리 갈까 저리 갈까 우왕좌왕하다가 승용차 안에서 사망. 나 역시 10분만 늦었더라면 죽었을 것이다. 누구든 근처에서 이런 비상사태가 생기면 빅3, 빅5, 빅7 병원을 염두에 두고 신속히 대체를 해야 할 것이라고 생각한다.

오늘은 선물(present)이고 내일은 mystery라고 한다. 내일은 미래다. 미래는 기체다. 미래는 아리송하다. 이렇게 살아 숨 쉬고 있는 오늘은 바로 나에게 선물인 것이다.

그동안 가족들은 물론이고 친척들과 또, 가까이 지내는 많은 지인들이 병문안을 와주고 또 전화로 문자로 염려해주고 걱정해주었다. 그들한테서 나는 인정과 나에 대한 관심, 또 사랑의 척도를 알아볼 기회가 된 것 같다. 위로금을 주고 가는 지인들한테는 "앞으로 내가 당신들한테 되갚을 날이 없게끔 당신들은 부디 건강 잘 지키십시오" 하고 당부도 했다.

질병관리본부

대상포진이란 질병을 앓은 지 1년이 넘었어도 간지러워 긁적거리고 있다. 의사는 소양증(간지러움증)도 통증이라 한다. 발병 직후 날마다 피부과에 갔다. 몸에 면역력이 약해져서 그런다고 잘 먹고 푹 쉬라 했다. 주사 맞고 레이저 쬐고 약 먹고 연고 바르고, 한 달을 넘게 다녔다. 경험자들한테 들어보면 일주일만 잘 다스리면 수그러든다. 아니다 이주일 간다. 아니다 일 년 넘게 고생한다. 심지어는 생명을 잃었다는 예까지 들려준다. 눈에 오면 실명할 수도 있다 한다.

우리 몸에 생길 수 있는 온갖 질병 가짓수는 의사 말이 12,420가지라고 한다. 그중에서 가장 많이 생기는 병명은 치주염 같은 잇몸질환이라고 한다. 나는 감기인 줄 알았는데 의외였다. 가장 치명적이고 무서운 병은 일명 공수병이라고도 하는 광견병이라 한다.

나는 어린 시절부터 심한 안질, 학질, 두드러기, 부스럼 등에 시달렸고 이비인후과를 내 집 드나들 듯했다. 유달리 많은 종류의 질병에 시달리며 살았다. 내 몸은 질병관리본부다. 지금도 복용하고 있는 약이 서랍 한가득이다.

한의학에서 우리 인체의 내부 장기를 통틀어 오장육부로 나누고 있는데 오장은 간(肝)·심(心)·비(脾)·폐(肺)·신(腎)을, 육부는 담(膽)·위(胃)·대장(大腸)·소장(小腸)·방광(膀胱)·삼초(三焦)를 말한다. 옛날에 '창고'라는 뜻의 '장(藏)'과 '부(府)'를 써서 오장육부(五藏六府)라고 했으나 후세에 육월편(肉月偏)을 붙여 오장육부(五臟六腑)라고 쓰게 되었다고 한다.

19세기에 가장 무서웠던 병은 결핵, 20세기에는 암, 그럼 지금 21세기에는? 정신질환, 즉 자살, 우울증, 조현병, 마약중독, 게임중독, 대마초 흡입 같은 정신분열환자라고 한다.

개인의 주관에 따라 다르겠지만 그중에서도 제일 걸리지 말아야 할 병은 치매라 한다. 치매는 본인뿐 아니라 가족들이 당해내기 힘들어서다.

'건강은 역동적인 상태로 신체적, 정신적, 사회적, 영적으로 안녕한 상태를 말하며 이는 단순히 질환이 없는 상태를 말하는 것은 아니다'로 세계보건기구에서 표현하고 있다. 건강한 신체에 건전한 정신이 깃든다고 했다. 아프면 누구나 마음도 약해지기 마련이다. 건강한 몸을 지키려면 제일 먼저 혈관을 잘 관리하라고 한다.

거미줄처럼 우리 몸 곳곳에 퍼져있는 혈관의 길이는 약 12만 킬로미터로 이는 지구 두 바퀴 반에서 세바퀴를 감을 수 있는 길이이며 혈액은 이 길이를 단 2~30초 만에 온몸 구석구석을 돌아 심장으로 돌아온다고 한다. 우리가 혈관주사를 맞으면 즉시 감지되는 것으로도 알 수 있다.

혈액은 체중의 8%(약 5리터)를 차지하고 있다. 혈액 흐름은 산소와 간, 췌장, 신장 등 각 장기에서 만들어진 영양분을 온몸 구석구석 모세혈관까지로 운반하고 반대로 이산화탄소나 노폐물을 몸 밖으로 배출하도록 도와주는 중요한 역할을 한다.

혈관은 60조 개의 세포 구석구석 말초까지 순환시키는 통로이다. 바로 혈액순환, 이 혈액순환이 잘 안 되면 혈관을 막아버리거나 터지게 되고 급사, 뇌졸중, 뇌경색, 심근경색 등이 와서 때로는 식물인간까지도 될 수 있다.

나 역시 심근경색으로 심장에 스텐트 두 개를 삽입, 현재 살아가고 있다. 얼마 전 TV 청문회에서 김기춘 실장이 스텐트 일곱 개를 박았다 하니 그에 비해 나는 다섯 개 적으니 다소 위안이 되었다.

김달진 시인의 시에 '인생 60대는 해마다 늙고 인생 70대는 달마다 늙고 인생 80대는 날마다 늙고 인생 90대는 시간마다 늙고 인생 100세는 분마다 늙는다고 했다.

의학의 발달로 인류의 평균연령은 더욱 높아져 지금 태어나는 21세기의 아이들은 평균연령이 140세라고 한다. 그렇지만 건강하지 않게 오래 사는 것은 재앙이라고 생각한다.

그래서 내가 건강을 지키는 것은 기본이다. 혈액이 원활하게 순환하고 이것을 무리 없이 안전하게 반복할 수 있는 형태가 가장 이상적인 건강한 몸의 형태라고 한다. 혈액순환은 건강을 지키는 가장 기본적인 요소이고 알고 보면 이것은 우리의 작은 습관만 바꾼다고 할지라도 충분히 개선될 수 있는 것이다.

혈액 생산량이 감소하면 서서히 탄력을 잃고 혈관은 노화된다. 혈관, 즉 혈액순환에 관련된 질환은 스트레스와 운동 부족에서 많이 온다고 한다. 평소에 스트레칭은 기본이며 매일 먹는 비타민은 혈관이 좁아지는 것을 개선시켜준다고 하니 항산화 작용을 통해서 조금 더 젊고 활동을 습관화시켜야겠다.

건강은 건강할 때 지키는 것이 가장 큰 예방책이다. 다양한 삶 속에서 혹시라도 나의 작은 습관으로 건강을 해치지 않고 있는지, 나 자신 평소 운동을 게을리하고 글 쓴다고 컴퓨터 앞에서만 놀았더니 지금은 눈도 허리도 나빠져 조금은 후회스럽다. 너무 늦지 않았나 싶지만, 이제라도 운동을 열심히 하려고 다짐해본다.

그냥저냥 살아

희곡작가이면서 문예창작과 교수님이셨던 윤조병 선생님의 부음 소식을 들었다. 요즘 은어로 순간 나는 멘붕 상태가 되었다. 들고 있던 볼펜이 나도 모르게 손에서 뚝 떨어졌다.

선생님과 나는 H대 문예창작과 교수님과 제자로 만났다. 내가 대학을 졸업하고 열심히 글을 쓰고 책을 만들며 살아가고 있는데 어느 날 선생님께서, 국립극장에서 선생님의 작품이 공연 중이라며 우리 부부를 초대해주셨다. 그러잖아도 버스정류장 등 여기저기 광고판에 선생님의 작품공연 포스터가 붙어있어서 한번 구경가고 싶었던 찰나에 매우 반가운 소식이었다.

공연 관람이 끝나고 남산 길을 나란히 걸어 내려오면서 선생님은 가족이라며 사모님을 소개하셨다. 사모님은 기관절개술 등 큰 수술 후라 말씀을 못 하신다고 하여 눈인사만 주고받았다. 부부간이라기보다는 마치 다정한 오누이사이처럼 보기에 좋았다.

얼마 후 내가 만들고 있는 종합문예지에 선생님의 글을 신고자 원고청탁서를 드렸더니 아래와 같은 글이 도착했다.

어느 날의 심정을 옮깁니다. 신년 4일의 일기장입니다.

〈간밤부터 새벽까지 이틀 동안 눈이 쏟아지면서 나를 서럽게 한다. 너무 서러워서 오기를 부리지 않으면 견딜 수 없다. 어디 보자, 내가 너희 속으로 들어가마. 낭만을 찾으려는 게 아니고 설움을 쏟아내려는 것이다.

밖으로 나갔다. 텅 빈 자투리 공원이 하얗다. 이게 아니다. 더 가야 한다. 도봉산으로 가자. 대로와 주택가를 지나 산자락에 들어서자 아직 아무도 밟지 않은 길이 적막하다. 등산로를 따라 조금 올라갔다. 저 끝 잡목 사이에 누가 숨어 있다. 미끄러지면서 급히 걸었다. 아무도 없다. 나뭇가지에 쌓인 눈이 팽팽하게 흔들리다가 떨어지는 소리이다. 고개를 돌렸다. 계곡 저만큼 바위 뒤에 누가 숨는다. 얼음언 계곡으로 내려서서 빠지면서 그리로 갔다. 아무도 없다. 역시 바위에 쌓인 눈이 돌바람에 날리고 있을 뿐이다. 술래가 되어 여기저기 헤매면서 찾으려 해도 거기에는 바람에 눈 떨어지는 소리만 있지 그 사람이 없다.

"여보!" 소리쳐 불렀다.

"당신 어디 있소?" 울부짖었다. 메아리가 눈발을 타고 가슴을 친다. 서러움이 몰려와 숨을 쉴 수가 없다. 꺼억 꺼억 숨을 토하고 엉엉 울었다.〉

아, 사모님이 돌아가셨구나 하고 나는 깜짝 놀라 선생님을 위로 해드릴 요량으로 초대해 식사를 대접해드렸다. 차를 마시면서 이야기를 나누는 중에 나의 큰오빠가 39살에 돌아가셨는데 교수님을 마주하고 있으니 큰오빠 같은 느낌이 든다고 했더니 즉석에서 그럼 내가 오라버니 되어줄게 앞으로 오라버니라고 불러, 그러신다. 이후 선생님께서는 나를 꼭 만소누이라고 불러주셨다. 그리고 선생님의 작품이 공연될 때는 꼭 초대장을 보내주셨다.

6개월 전에는 야탑역 주변에서 함께 추어탕도 먹고 간간이 만나 청국장도 먹고 선생님은 반주도 한 잔씩 하셨다. 내가 대상포진을 앓고 후유증에 시달리고 지금은 허리가 안 좋은데 수술을 할까 말까 병원 서핑 중이라고 했더니 '누이, 나도 여기저기 아픈 곳이 많아, 그냥저냥 살아, 그냥저냥 살자구. 아프면 약 먹고 심하게 아프면 일손 잠깐 놓고 진통제 먹고 좀 쉬고…….' 하셨다.

연 1회 발간하는 책을 만드느라 카톡에다 오라버님, 2017년도에 발간하는 우리 문예지에 작품 하나 주십시오. 하고 남겼더니 이메일로 희곡 한편을 보내주셨다.

읽어봤는데 청소년들이 읽기에는 좀 야한 것 같은데요, 다른 작품 하나 보내주시죠? 했더니 답장이 왔다.

'만소누이는 오라버니가 희곡급속제조기로 알아? 말일이 며칠 안 남아서 희곡은 불가능하고 시 혹은 수필이면 되는데 희곡은 단막이 2개월 걸려야 써. 아동 가족극을 보낼게. 실은 내가 25일 밤에 맹장 수술을 받았어. 병원이라 낼 아침에나 보낼게. 늦으면 없이 그냥 마감해.'

불과 3개월 전 일이었다. 이때까지만 해도 나는 뭐 그까짓 맹장 수술 정도는, 하고 가볍게 생각하고 있었다.

청소년들이 재밌게 읽을 작품을 주셔서 책을 만들고 나서 책을 보내드릴 테니 주소를 좀 찍어달라고 부탁을 드렸다.

'실은 내가 대장암 수술을 받았어. 병원에 잡히기 싫어서 진통제로 유지하면서 이런저런 마무리를 하고 있어. 많이 살았으니까. 9월 초에 얼굴 한번 봐 내가 연락할게. 책도 그때 줘 아직은 거동해.'

나는 또, 갑상샘암은 착한 암, 대장암은 행운암이라면서 대수롭잖게 생각했는데 20여 일이 지나도록 소식이 없어서 혹, 많이 안 좋으십니까? 하고 카톡을 보냈다.

'요양병원까지 왔어. 아직 금식이야 누이, 즐건 추석 맞기를. 그 책도 보고 내 시집도 주고 해야 하는데 시간을 잡아야지.' 해서 기다리고 있던 차, 10월 12일에 사망 소식을 접했다.

100세 시대에 접어들어 UN에서 연령대를 새롭게 분류하고 있다.

17세 미만은 미성년자, 18세~65세는 청년, 66~79세는 중년, 80~99세는 노년, 100세 이상은 장수 노인. 선생님은 중년에 가신 거다.

다음날 여러 일간지에 선생님의 사진과 함께 기사가 떴다.

> 「극작가 겸 연출가인 윤조병. 극단 하땅세 예술감독이 11일 오후 지병으로 별세했다. 향년 78세. 1939년 충남 조치원에서 태어난 고인은 1963년 영화전문지 월간 국제영화사의 시나리오 공모에서 '휴전일기'가 입선하며 등단했다」

한강 변에 앉아

한강 변을 걷는다. 강물 쪽으로는 갈대가 휘날리고 반대쪽 언덕에는 은빛 억새가 휘날린다. 한참 걷다 보면 또, 코스모스가 밝은 얼굴로 반긴다. 이곳은 자전거 타기에도 좋고 걷기에도 좋은 길이다. 밤낮으로 남녀노소가 주로 가벼운 운동을 하러 나온다. 나 또한 운동도 하고 자연과 함께 자주 어울려보고 싶어 나오기도 하지만 흘러 흘러가는 한강 물과 대화하고 싶어 나온다. 붉은 석양에 비치는 강물과 물고기와 물새는 나를 강 언덕에 자주 주저앉히곤 한다. 그러면 강 언덕에 앉아 '물새 우는 고요한 강 언덕에~' 노래를 부르기도 한다.

오늘도 나는 조용히 한강 물과 대화하고파서 나왔다.

하나밖에 없는 행정공무원인 딸이 6급으로 진급을 해서 기뻤는데 그 기쁨도 잠시, 6개월간 휴직계를 내고 왔다. 허리통증이 재발해 또 수술을 받아야 한다는 이유다. 걱정이 태산이다.

그날 새벽 2시경이었다. 아직 30대의 딸이 배를 움켜쥐고 고통스러운 얼굴로 기어와 내 방문을 두드렸다. 깜짝 놀란 우리 부부는 당황하여 119를 부를까 하다가 우선 상태를 물었다. 잠자리에 들 때 허리가 몹시 아파 그동안 복용해오던 약을 먹었다고 한다. 증세로 보아 7년여 동안 앓아온 허리통증이 아니었다.

우리 집은 비상이 걸려 우리 나름대로 위경련이 아닌가 하고 따끈한 매실차를 먹여보고 보리차를 먹여보았으나 그것까지도 몸이 거부했다. 날이 밝아오자 딸은 그렇게 아픈 몸으로도 직장 일을 걱정했다. 일어서보더니 두 다리가 휘청거려 그 자리에 펄썩 주저앉는다. 다시 시도해보지만, 다리에 마비증세가 오고 있었다. 마치 TV에 자주 비치는 광우병에 걸린 소의 모습과 흡사했다. 그만 앞이 캄캄했다.

6살 난 손녀를 얼른 제 시댁에다 맡기고 허리로 이름이 난 병원으로 데리고 갔다. 급히 여러 종류의 검사와 MRI를 찍어보더니 '척수종양'이라고 진단을 내린다. 그대로 두면 결국 휠체어 신세를 지게 된다고 한다.

바로 이튿날 수술을 받았다. 대 여섯 시간 걸려 수술이 끝나고 병실로 돌아온 딸의 얼굴을 보자 나는 눈물이 핑 돌아 고개를 돌렸다. 그러나 딸은 활짝 웃어 보였다. 전신마취에 들어갈 때 너무 편안하고 기분이 좋더란다. 얼마나 고통스러웠으면 그런 생각이 다 들었을까. 안타깝기 그지없었다. 딸의 직장에다가는 진단서를

첨부하여 병가원을 제출해 놓았다. 그런 몸으로도 또 딸은 직장 일을 염려한다. 아무 걱정하지 말고 몸이나 잘 추스르라고 네 직장상사가 당부하더란 말까지 전했다.

저녁에 집에 돌아온 나는 술을 마셨다. 기분이 좋아 먹는 술이었다. 7년 전 직장에서 돌아온 딸이 허리가 아프다며 자리에 누웠을 때였다. 우리는 병원으로 데려가 CT 촬영도 해보고 여러 군데 다니며 진찰을 받았다. 한결같이 근육통이라고만 했다. 디스크가 아니라니 다행이라 생각하며 처방대로 근육이완제 진통제를 복용시키고 수영도 시키고 한약도 지어 먹여보았다. 그러나 아무런 차도가 없이 통증은 더 심해져만 갔다. 나중엔 허리가 아파서 자세가 바르지 못해 걸음걸이도 이상해지고 높은 신발도 신지 못했다. 독한 약을 복용해 위장약은 기본으로 지녀야 했다. 민원실 근무자로서 펴지지 않는 인상의 얼굴로 민원인들을 대하기가 어려웠고 점점 몸과 마음은 망가져 가고 있었다. 그런 고통 중에도 사귀어오던 사람과 결혼식을 올리고 딸도 하나 낳고 직장생활을 계속해왔다. 그러나 결혼생활도 육아도 직장 일도 점점 심해지는 허리통증 때문에 엉망일 수밖에 없었다.

건전한 신체에 건강한 정신이 깃든다고 날마다 안개 낀 날의 연속이었으니 정상적인 생활을 할 수 없었다. 딸의 하루하루는 너무 길었다. 지켜보는 부모의 마음도 마찬가지였다.

긴 세월이 지나 이제야 병명이 밝혀지고 수술로써 깨끗해졌으니 우리 가정에 먹구름이 걷힌 셈이었다. 그때 의사가 '아무래도

증세가 심상찮으니 MRI 한번 찍어보세요'만 했더라면, 하는 아쉬움이 남았지만, 이제라도 건강한 딸을 다시 얻은 기분의 기쁨에 계속 잔을 비웠다.

부모가 바보였다. 그래서 너를 7년여 동안 그토록 고통스럽게 했구나, 미안한 마음에 눈물이 저절로 줄줄 흘러나왔다.

우리는 간단한 짐만 챙겨 서둘러 딸 집 곁으로 옮겼다. 척추가 정상적으로 복원되기까지는 적어도 3개월은 쉬어야 한다는데 공무원인 딸은 동료들한테 피해를 줄 수 없다며 고집을 피웠다.

허리를 싸매고 1개월 만에 출근을 했다. 담장하나 사이에 직장을 두고 다니는 딸을 우리 부부는 정성껏 보살펴주며 부모 노릇을 한다고 했다. 한동안 긴 우산을 지팡이로 삼아 조심스럽게 걸어 다녔다. 그래도 똑바로 걸어가는 뒷모습이 보기에 좋았다. 이젠 다리에 감각도 제대로 돌아오고 이대로 조금만 더 세월이 흐르면 뛰어다니기도 하고 등산도 할 수 있겠다는 자신감이 생긴다고 했다. 그런 말만 들어도 기분이 좋았다.

딸의 등 척추 10, 11, 12번 쪽에 10센티 정도의 긴 수술 자국이 생선 가시처럼 남았다. 그래도 그 흉터를 나는 예쁘게 만든 쌍꺼풀 성형 자국처럼 생각하기로 했다.

5분만 걸어 나가면 한강 상류 깨끗한 물을 만질 수 있는 곳에서 우리 부부는 거의 매일 한강 물을 바라보며 딸의 건강을 기원했다. 무자식이 상팔자라고 하는 말도 있지만, 자식이 있으니 이런 저런 일도 겪으며 사는 것 아닌가. 이것이 인생이고 이런 모든 것들이 향기로운 세상일이 아닌가 생각도 했다. 이제 손녀도 중학생이 되었다.

그런데 지금 웬일인가. 수술한 지 7년 만에 그곳의 병소가 다시 재발을 했다고 하니 걱정이 앞선다. 오늘도 한강 물은 눈앞에서 내 사연을 아는지 모르는지 유유히 흘러 흘러가고 있다.

곱슬머리와 덧니

나는 여러 가지로 많은 열등의식 속에서 성장했다. 지금도 열등감이 많다. 아무리 생각해봐도 나는 나를 자랑할 만한 것은 한 가지도 없다. 나는 깡도, 꿈도, 끼도, 끈도, 꼴도, 꾀도 없는 사람이다. 그러니 살아가는데 힘이 없어 그냥 세월 가는 대로 극히 평범하게 살아온 것 같다.

아주 어렸을 때 일을 떠올려보면 병치레가 잦았던 것을 빼놓고는 다른 좋은 기억이 없다. 그래서 언제나 우울했고 체구도 또래보다 작은 데다 운동에도 소질과 취미가 없었다. 교과목 중에서는 체육 시간이 제일 싫었다.

학년에 올라갈 때마다 키가 작아 맨 앞줄에 서야만 했다. 뒷줄에 한 번 서 보기를 소원해 키 재기를 할 때면 까치발을 딛고 목을 최대한 길게 쭉 빼어보기도 했지만, 번번이 1번이었다.

초등학교 6년, 중학교 3년 동안 등하교 시골길은 십리길이었다. 너무 멀고 힘들어 지각하는 날이 많았다. 학교 가까이에서 사는 친구들이 참 부러웠다. 세월이 한참 흘러 나중에 우리 애들은 될 수 있는 한 학교 부근에 집을 얻어 살았다.

사춘기 때는 외모에 관심사가 생기고 멋에 대해 점점 눈이 떠졌다. 예쁜 내 친구 여학생들, 잘생긴 남학생들이 주위에 참 많았다. 그런데 나는 왜 하필 곱슬머리일까, 나는 왜 덧니가 났을까, 내가 하얀 피부를 가졌으면 얼마나 좋을까, 큰 눈 쌍꺼풀에 긴 속눈썹을 가진 친구가 너무 부러웠고 날이 갈수록 나는 내 신체 생김새가 맘에 안 들었고 짜증도 났다.

차츰 이성에 마음이 가기도 했다. 잘생긴 남학생들이 간혹 눈에 띄었다. 그러면 가슴이 두근거렸다. 내 마음속으로는 친구하고 싶고 한번 사귀어보고도 싶은데, 그런데 저 남학생은 내가 곱슬머리에 덧니에 예쁘지 않아서 틀림없이 나를 좋아하지 않을 거다, 나만 혼자 짝사랑하는 거야 하고 미리부터 감히 눈도 마주치지 못했다.

도시에 집이 있고 키가 날씬하고 흰 피부에 곱게 생긴 저 친구는 얼마나 자신이 자랑스럽고 행복할까, 나는 그 무렵 왜 그렇게 매사에 자신감이 없고 열등감에만 사로잡혀 살았는지 모르겠다. 나중에 커서 우리 동네 친구들은 나에게 서로 입을 모아 말했다. 자기들은 밭에서 수건 쓰고 호미 들고 김매고, 아니면 양재학원, 아니면 방직공장에 다니고 있을 때 너는 수십 명의 남학생 틈에 너 하나만 여학생으로 인기를 독차지했고 교복 입고 모자 쓰고 가방 들고 학교에 다니는 모습을 먼발치에서 보고 자기네들은 죽어버리고 싶을 정도로 나를 부러워했다고 한다.

직장에 다니면서 나는 남자들한테 사랑한다, 결혼하자는 프러포즈도 더러 받았다. 그렇지만 나는 남자들의 속마음을 알 수가 없었다. 신문에 TV 뉴스에 또, 앞뒤 옆집에 사는 이웃 선배 부부들을 보면 잉꼬부부는 20% 정도밖에 없었다. 남자들은 거의 자기 몸종을 구하는 것 같았다.

당시 내 딴에 나의 남자 보는 눈은 꽤 높았다. 내 나름대로 내 평생 짝으로는 우리 어머니께서 항시 말씀하신 첫째 조건, 순직하고 인정 많은 남자라야 하고 둘째, 나는 외모 지상주의, 그다음에 폭력, 술, 화투, 바람과는 멀어야 하고 다음, 학력 재력 체력 순으로 내가 내세운 조건에 맞는 상대를 고르려면 적어도 20여 명의 남자하고 결혼해야 모두 충족이 될 것이었다.

정작 나 자신을 돌아볼 때는 내가 남보다 월등히 예쁘길 하나, 애교가 있나, 부지런하기를 하나, 내놓을 것 하나 없는 열등감에 나 같은 여자를 어떤 남자가 좋아하겠어, 하면서도 짝에 대한 선택조건은 그토록 까다로웠다. 그래, 이 세상에는 네 맘에 딱 드는 그런 사람 없다. 그리고 그 조건 다 갖춘 남자들은 널 좋아하지 않는다. 그냥 착각 속에서 혼자 살아라 하고 내가 나한테 선포하기도 했다. 그래도 한편 포기하지 않고 기대를 갖고 그저 내가 하는 일에 충실하며 거짓 없이 최대한 남에게 배려하며 내게도 아름다운 사랑이 오기만을 기다렸다.

떠도는 말에 의하면 예쁜 여자를 만나면 삼 년이 행복하고 착한 여자를 만나면 삼십 년이 행복하고 지혜로운 여자를 만나면 삼대가 행복하다고 한다. 또 잘생긴 남자를 만나면 결혼식 세 시간 동안의 행복이 보장되고 돈 많은 남자를 만나면 통장 세 개의 행복이 보장되고 가슴이 따뜻한 남자를 만나면 평생의 행복이 보장된다고 한다. 그렇다면 나는 지혜로운 여자가 되고 싶고 내 남자는 가슴 따뜻한 남자여야 했다. 그런 남자는 귀했다. 설령 그런 사람이 있다 해도 이미 임자가 정해져 있거나.

드디어 20대 중반에 내 짝의 인연을 만났다. 우리는 서로 좋아하고 서로 사랑하는 사이가 되어 결혼했다. 2남 1녀를 낳고 어느 날 남편한테 여보, 당신은 내 어디가 예쁘다고 나하고 결혼을 했나요? 하고 물었더니 웃는 얼굴에 덧니가 살짝 보였는데 그 모습이 아주 매력 있었다는 것이다.

지금 중 고등학교 때 동창들을 만나면 그토록 내가 부러워했던 쭉쭉 뻗은 머리의 소유자들은 수시로 미장원에 들러 머리 손질을 하느라 시간과 돈을 많이 소비한다는데 나는 숯이 많은 곱슬머리라 어디서 그렇게 예쁜 파마를 했느냐며 부러워한다. 그리고 쭉 고른 이를 드러내고 활짝 미소를 맘껏 짓던 친구들이 지금은 임플란트를 몇 개해야 한다는 등 고민을 하는데 나는 그동안 덧니가 보일까 봐 부끄러워 맘 놓고 입을 활짝 벌려 웃지도 못했지만 아직까지 상한 이 하나 없이 아주 튼실하다.

오랜 세월 신경 쓰이고 나에게 열등감을 갖게 했던 그 곱슬머리와 덧니가 이젠 오히려 자랑스럽다.

동행

40여 년 동안 유지해 온 직장(공무원) 동료 부부동반 모임에 참석하기 위해 밤잠을 설쳤다. 8쌍이 가까이 근무할 때는 매달 모였지만 전국각지로 발령이나 뿔뿔이 흩어진 뒤로는 1년에 한 번 연말에 모였는데 이젠 8명 모두 정년퇴직을 한 상태다.

작년까지만 해도 모임에 가기 위해서는 편도 4시간이 걸려 1박 2일을 해야 했다. 그러나 올해부터는 SRT란 빠른 교통수단이 생겨 수서역에서 출발, 2시간 안에 갈 수 있게 되어 당일치기를 할 수 있다. 우리 인생살이와 시대의 변화는 같이 간다는 것을 느꼈다.

해마다 전원 참석은 어려웠다. 이번에도 두 팀이 불참이다. 두 팀 모두 심각하게 많이 아파 입원 중이어서 참석하지 못했다. 참석한 사람들도 대부분 혈압, 관절, 척추질환 등 지병 하나씩은 갖고 있었다. 내 곁에 앉은 나와 동갑내기는 오랫동안 류머티즘 관절염으로 관절의 통증과 신체의 변형으로 자신의 몸조차 돌보기 어려워 남편의 도움을 받지 않으면 생활할 수 없는 환자로 지내 왔다. 이날도 남편의 도움을 받아 겨우 참석했는데 오른쪽 손과 발을 사정없이 떨었다. 이젠 파킨슨병까지 앓고 있었다. 그녀 역시 오랫동안 병과의 동행으로 살아가고 있었다. 그래도 1년 만에 만나볼 수 있는 반가운 사람들 만난다고 손톱에는 빨간 매니큐어를 칠하고 화장도 곱게 하고 나왔다. 우리는 숙명적으로 생로병사의 병에 해당되는 코스를 달려가고 있음이 분명했다.

몇 년 전까지만 해도 만나면 서로서로 남편의 술 담배 늦은 귀가 등 부부간의 험담 얘기로 소곤거렸는데 이젠 그래도 남편의 연금 덕분으로 집안 경제 걱정 안 하며 편안한 노후를 살아간다고 부부의 소중함에 칭찬만이 쏟아진다. 우리 여자들은 돌아가며 한 사람씩 남편을 보며 남편 자랑 한마디씩을 하기로 했다. 쑥스러워하면서도 한 사람씩 입을 열었다.

그동안 뇌졸중으로 쓰러져 말과 행동이 다소 어눌한 부인이 "여보, 나는 죽어서도 당신 만날 거야, 당신 만나서 행복한 이 세상 살았어" 한다. 모두 힘찬 박수를 보냈다. 평소 노래를 가수 뺨치게 잘했던 내 곁에 부인은 노래가사를 읊는다. "앉으나 서나 당신 생각 앉으나 서나 당신 생각 떠오르는 당신 모습 피할 길이 없어라. 가지 말라고 애원했건만 못 본체 떠나버린 너 소리쳐 불러도 아무 소용이 없어라……."

좌중은 어깨동무를 하고 누가 먼저랄 것도 없이 모두 합창을 했다. 그녀는 끝내 눈물을 흘리고 만다. 나도 눈물이 주르르 흘러내렸다. 이런 모습을 내년에도 볼 수 있을까, 란 생각이 들었다.

나는 분위기를 바꾸기 위해 일어섰다. “내 친정아버지는 바람둥이였어요, 나의 DNA에도 아마 바람기는 많이 존재하고 있을 거예요. 그러나 저는 잘생긴 남편을 만나 연애결혼을 하고 일편단심 민들레로 한 남자한테 올인하였습니다. 그 이유는 이 세상에는 내 남편보다 더 잘생긴 사람이 없었기 때문입니다. 여보, 사랑해” 하고 남편을 향하여 두 손으로 작은 하트 큰 하트를 순서대로 세 개나 날렸다.

남편은 그건 당연하다고 생각하는지 그리 좋아하지도 않았지만 싫어하지도 않았다. 집에 돌아와서는 실제론 매우 감동이었다고 했다.

마지막으로 제일 연장자인 만년 회장이 숟가락 마이크를 잡고 일어섰다.

“우리가 일생을 같이할 배우자 한 명 잘못 만나면 그날부터 인생이 고달파지기 시작합니다. 반대로, 짝꿍 잘 만나면 인생이 펴집니다. 우리는 하늘의 별을 땄습니다. 어느 부부 아직까지 이별이나 사별하신 분 없이 이 나이까지 잘 살아왔으니 설령 그동안 잉꼬로 살지 않았더라도 값지고도 귀한 인연 아닙니까? 박봉에도 자식들 잘 기르고 알뜰히 내조 잘 해주신 아내 분들 고맙습니다.”

우리는 또 모두 박수를 힘차게 쳤다. 우리들은 그렇게 세월과의 동행, 자연스레 얻어진 병마와 모두 다 함께 동행을 하고 있었다.

날이 갈수록

8·15 해방이 되고 2년 후 1947년 11월 13일. 어머니와 연결되어 있던 탯줄이 끊어지고 나는 신생아가 되었다. 그 시절이 나한테는 기억에 없다. 만 두 살, 소위 나의 유아기도 아무런 기억이 없다. 아동 초기인 5살의 기억은 할머니가 어딘가 아파서 큰방에 누워계셨던 모습과 돌아가시던 모습 같은 두세 가지를 기억하고 있다. 그래서 나의 기억은 대여섯 살부터 시작된다.

11월생이라서 8살에 초등학교에 입학했다. 갑자기 내 또래 친구들이 많이 생겼다. 그러나 8살에 걸어 다니는 시골 십리 길은 너무 멀었다. 화장실이 없어 옷에 자주실수 하곤 했다.

담임선생님한테서 처음 받아든 책, 국어 산수 사회 자연 교과서로서의 학습은 신기했지만 흥미롭고 재미있었다. 선생님이란 유식한 존재에 무한한 동경과 존경심도 생겼다.

초등학교 4학년 때, 우리 집으로 시집온 지 100일 된 작은올케가 갑자기 죽었다. 백상여가 나가고, 오빠의 입대로 나랑 같이 생활했던 텅 빈방 안에 어둠이 오면 막연하게나마 영원한 이별의 슬픔이 몰려와 눈물을 자주 흘렸다.

우리 집엔 할아버지 아버지 어머니 오빠들 일꾼들과 그 가족들 그리고 나, 대가족이, 크고 넓은 집에서 살았다. 그때 가족이란 개념이 생기면서 누가 내게 꼭 집어 말해주진 않았어도 내 위로 오빠 셋은 이복오빠란 것도 알게 됐다. 아버지의 또 다른 여자한테서 태어난 언니 한 명이 있었다는 것 또한 알았다.

아버지의 큰 목소리와 폭력은 온 가족을 날마다 공포의 분위기로 몰아갔다. 우리 가족들 모두는 몸과 마음에 멍이 들고 병이 들었다. 심지어 제일 어르신이던 할아버지까지도. 나는 아버지로 인해 어른에 대한 존경심과 신뢰감이 없어지고 불안감만 늘어나 점점 집에 들어가기가 무서웠다. 눈에 드러나는 상처와 드러나지 않은 마음의 상처가 눈덩이처럼 쌓여갔다. 그래서 나는 일찍 철이 들었고 일찍이 지옥도 맛보았다.

내겐 눈에 보이지 않는 고통이 더 많았음에도 주위에 선생님이나 친구들 아무도 내 마음을 읽어주지는 못했다. 늘 우울했고 혼자였다. 타인에 대한 두려움과 외로움이 생겼다. 나는 왜 이 세상에 태어났을까, 어떻게 죽어버릴까, 날마다 죽고 싶은 마음뿐, 나의 일상 주변에 어느 하루, 자유와 즐겁고 재미있는 일이 하나도 없었다. 매사에 자신감이 없고 나태해지고 열등감만 쌓여 있었으니까. 당시 통신표에는 담임이 '몸이 약하고 내성적이고 소심한 성격에 발표력이 없다'고 적었다.

무거운 마음으로 중학교에 입학했다. 소도시로의 통학 길 역시 십리 길이었다. 빛 좋은 새로운 친구들이 더 많이 생겼는데 나만 초라했고 내 얼굴에서는 언제나 미소가 없었다. 오로지 일기장이 내 마음의 비상 홀이었다. 그런 중에도 자연스럽게 다가와 느껴지는 나와는 다른 이성의 느낌은 자연현상이었던가 보다. 밖에 있는 시간들은 나에게 위로가 되었다. 그래서 월요일부터 토요일 오전까지는 좋았다. 집에 있어야 하는 휴일과 공휴일과 여름방학 겨울방학은 나를 지옥에 가두었다.

이성은 나에게 정서적 안정과 좋은 성 역할의 모델이 되어주었다. 남자 친구도 친구 오빠도 선생님들도 사랑의 손길로 잡아끌어 나의 깊은 상처를 어루만져주었고 나에게 에너지를 불어넣어 주었다. 이때가 사춘기였던가 보았다. 세상도 4·19, 5·16혁명 등 많은 변화가 있었다. 나는 자신에 대한 통찰과 자아 정체감을 갖게 되었다. 그렇지만 집안은 든든했던 할아버지도 돌아가시어 지옥이었고 밖은 천국이었으므로 나는 자연, 이중성격과 두 얼굴로 성장해 불평, 의심, 절망, 공포 등 부정적인 면이 많았다.

고등학교는 도청소재지가 있는 대도시로 갔다. 새로운 곳, 수많은 군중들 속에 나는 던져졌다. 외모 공부 등 나의 관심사는 이제 모두 생존경쟁이란 생각이 들었다. 친구를 많이 사귀었고 문학과 친해졌고 부모보다도 동료 등과 좋은 인간관계를 발전시키려고 많이 노력했다. 몸도 마음도 쑥쑥 자라는 그때가 나의 청년기였다.

대학도 직장도 집이란 구속을 떠난 사회 환경이 나에게 자유와 평화를 안겨주기 시작했다. 자립하고 돈도 생겨 월남 참전용사였던 든든한 남편도 생겼고 나는 완전 자유의 몸이 되었다.

나의 생활은 날이 갈수록 점점 그렇게 나아져 가고 있었다. 맞벌이 부부로 윗분들한테 한 푼 도움 없이 내 집도 장만하고 2남 1녀를 낳아 키웠다. 그러나 시댁의 대소사 직장생활 육아 양육의 삼중고에 내 몸은 녹초가 되었다. 몸무게가 줄고 원형탈모에 우울증까지 왔다. 이 시절, 나 자신에게 몰두하기보다는 자녀와 직업을 통해 생산적인 활동에 참여하는데 그만 심리적으로는 침체되어갔다. 그때까지의 인생에 만족하지 못했다. 오히려 공허함, 초조함을 느끼며 절망감까지도 느껴보았으니까.

우리나라에서 86아시안게임이 열려 남편의 발령으로 서울로 이사 한 후 삶의 방향에 잠깐 위기가 왔다. 주위에 좋지 않은 사람들이 밀착해와 경제적으로 많은 손해를 입혔다. 집을 날렸다. 심지어 오토바이 날치기까지도 당했다. 집 날리고 나니 집값은 때 맞추어 천정부지로 치솟았다. 누구라도 닥칠 수 있는 일이겠지만 연속으로 한꺼번에 당한 사건들은 충격이었고 감당하기 매우 힘이 들었다. 초중고생 아직 어린 우리 애들 기르며 글을 쓰며 또 남편의 도움으로 내 마음을 위로하며 도를 닦는 심정으로 하루하루를 세어가며 버텨냈다. 그건 지금 생각해봐도 생존을 위한 최상의 바람직한 발상 전환이었다.

내게 닥친 특유의 내 숙제가 끝나고 위기를 성공적으로 이겨냈을 때 초라하고 가난한 나는 이미 중년에 서 있었다. 정신없이 일거리를 만들었다. 요리 학원에 나가 조리사 자격증을 취득하고 자동차 운전면허증을 취득하고 처음 개장한 잠실 롯데월드에서 알바를 하고 문학에 심취하여 새로운 인간관계를 구축해나가며 가족, 사회, 문화의 관련 속에서 보다 나은 나로 발전시키고 있었다. 정신없이 살다 보니 성실한 남편 덕에 자그마한 내 집도 장만했고 애들도 바르게 잘 자란 성년이 되었다.

이 세상에서 나만이라도 남에게 피해주지 말 것이며 나 하나의 성실로 내 가정과 사회에 신뢰와 신용을 쌓으며 살아가자는 우리 집 가장의 태도 아래 우리 가족은 사랑, 여유, 용서, 아량으로 부드럽게 바르게 생활해 왔다. 결코 남에게 손가락질받을 일은 하지 않았다. 나의 몸과 마음은 날이 갈수록 다시 점점 좋아진다고 느껴졌다.

그동안 나의 소설집 나의 수필집 등 대 여섯 권을 발간했고 강남문화원과 여러 문인단체에서 활동하며 내가 낳은 세 아이들 모두 결혼시켜 그 아래에 귀여운 손주를 다섯이나 보았다. 지하철 무료로 다니라고 시니어 카드가 나왔으니 이제 나는 저녁노을 노년기가 분명하다.

흰머리 수가 늘어나는가 싶더니 눈에 고장이 생겨 수술을 받게 되고 심근경색으로 스텐트 삽입 시술을 받았고 어느새 허리가 부실해져 반듯이 걷기에 힘이 들고 친구들과 모임에서도 이제 몸에 좋은 영양제나 가벼운 운동 이야기만 나온다.

살아보니 인생 참 짧다. 내 위로 양쪽 부모는 물론 고모 고모부들, 이모 이모부 모두 돌아가시고 간간이 사촌 오빠나 언니 한두 명만이 생존해 계실 뿐 내 웃어른이 없다. 곧 나에게도 종착역이 다가온다는 상황이 눈앞에 보인다. 조상 산소에 가보면 젊은 날에 그 시끄럽던 사람들의 말과 행동이 한곳에 멈추어 조용하다. 너무 고요해 괴기스럽기까지 하다. 결코 아름다운 추억은 아니지만 때론 묻혀버린 그 시절이 그립기도 하다.

어머니, 나의 어머니는 풍산홍씨로 16살에 부잣집이고 학식이 많다는 광산김씨 우리 아버지한테 시집와 2남 2녀를 낳으시고 살았다. 일제강점기 때 순사였던 남편은 지독한 폭력성에 바람둥이에 어머니와는 정반대 성격의 소유자였다. 본처인 우리 어머니는 시골에서 시부모와 시동기간 모시며 살았고 아버지는 도시에서 한동안 현지처와 5남매를 낳고 살았다. 집안대소가에서는 그러는 우리 어머니 마음씨가 인자하고 태평양만큼이나 넓다고 '태평양 아짐'이란 애칭으로 존경받고 살으셨다. 평생을 희생과 인내로 살다가 87세에 돌아가셨지만, 꼭 한 번만 만나보았으면 좋겠다. 우리 어머니가 몹시도 그립다.

뒤돌아보면 나의 삶은 그제보다는 어제가, 어제보다는 오늘이 행복했고 지금이 참 행복하다. 그렇게 점점 행복해졌다. 내 삶은 그렇게 날이 갈수록 점점 더 나아져 왔으니 앞으로 내 죽음 이후로의 삶까지도 그렇게 이어지리라 믿고 싶다. 아니 믿어진다.

산욕기

언제부턴가 나는 허리가 부실해져 걷는 데에 불편을 느끼기 시작했다. 걷기가 싫고 두렵고 무서워졌다. 그럴수록 조금씩이라도 걸어야 한다며 남편은 자꾸만 같이 나가 손잡고 걷자 한다. 그러면 나는 울고 싶다.

나는 초등학교 6년과 중학교 3년을 왕복 8킬로미터를 걸어서 통학했다. 무거운 책가방과 도시락까지 싸 들고 9년 동안을 걸어 다녔으니 참 힘든 통학 길이었다. 학업을 마치고 나중에 직장 다니는 길도 멀었다. 더구나 결혼을 하고 임신을 한 몸으로도 십리 길을 걸어서 출퇴근을 했으니 가까운 거리라 해도 걷는 것 자체가 나에겐 트라우마다.

며칠 전 동료들과 여행 중 나는 허리가 아파 가다 쉬다를 반복하면서 맨 꼴찌로 끙끙거리며 겨우 따라갔다. 나보다 나이 많은 친구가 뒤돌아보며 왜 그렇게 못 걷느냐고 묻는다. 허리가 아파서 그렇다고 했더니 혹 산후관리를 잘 못 했던 게 아닌가를 묻는다. 그렇다.

출산 후 많은 여성들은 임신 전 몸매로 돌아가지 않아 다이어트와 운동을 꾸준히 하지만 좀처럼 과거의 몸매로 돌아가지 않는다. 그 큰 이유는 골반이 틀어짐이다. 골반이란 신체의 상부와 하부를 이어주고 있는 매우 중요한 주춧돌이다. 골반은 단순히 몸매를 결정지어주는 요소로 인식하는 경우가 많지만 실은 기능적으로 24개의 척추를 받치고 있으며 아래로는 다리, 중심엔 주요 장기가 있는 복부를 연결하는 매우 중요한 부위이다. 골반이 틀어짐으로 인해 생길 수 있는 증상으로는 하체 비만 및 부종이라 할 수 있고 골반을 받치는 고관절 및 대퇴골의 변형 및 척추 디스크 압박을 높여 척추측만증이나 디스크 같은 척추질환으로 진행될 수 있다. 상체가 굽거나 어깨높이가 비대칭이 되는 등 전반적인 신체 불균형을 초래해 몸 곳곳에 원인 모를 통증이 나타나기도 한다.

출산 후 한 달 반 약 6주에서 8주간의 기간을 보통 산욕기라고 한다. 산모는 모든 신체 기능이 정상이 아니므로 산욕기 중에는 집안일은 물론 행동 또한 자제를 해야 한다. 이 시기는 산모의 신체적 균형이 회복되는 시기이므로 이 시기에 하는 몸조리는 나중에 산모의 건강생활에 큰 영향을 미치게 된다. 절대 무리하지 말고 일체의 가사와 육아는 하지 말 것이며 충분한 휴식을 하는 것이 좋다. 이후 차차 모유 수유와 기저귀 갈기 등 최소한의 일부터 시작해 몸이 회복되는 상태를 보아가면서 간단한 가사를 시작해야 한다. 자칫 관리를 소홀히 할 경우 '산후풍' 등 평생 돌이키기 힘든 상황이 만들어질 수 있으므로 산욕기 관리는 꼭 이뤄져야 하는 필수 코스로 봐도 무방한데 나는 임신한 몸으로 임용고시에 합격해놓고 다니던 직장에 사표를 내고 잠시 쉬고 있었다. 그런데 출산 후 10일 만에 발령이 난 것이다.

경험이 없는 나는, 1주일이 지나자 기분에 몸이 많이 회복된 것 같았고 뭐든 다 할 수 있을 것만 같았다. 출산 후 10일 만에 시골 초등학교로 부임해갔다. 교장 선생님이 나의 인사기록부만 보고 학교 근처에서 자취, 하숙을 하고 있는 여선생들과 함께 기거하라 권한다. 나는 가족이 있다고 했더니 놀라셨다. 결혼을 하고 아이를 낳았는데 아직 혼인신고도 또 아이 출생신고도 하지 않은 상태였기 때문에 미혼인 줄 알고 계셨기 때문이다. 나는 그런 상황에서 발령 초부터 산후 몸조리하겠다고 쉴 수는 없었다.

출산 후에는 면역력이 떨어져 찬 기운이나 찬바람이 몸으로 쉽게 들어오기 때문에 몸을 따뜻하게 해주는 것이 좋은데 3, 4월의 바람 끝은 아직 매서웠다. 피할 도리가 없었다. 맞벌이 부부로 육아도 서로 서툴고 객지에서 1년 동안 무리했던 일을 생각하면 지금도 눈물이 쏟아진다.

요즘 산모들은 산후조리원에 가서 일정 기간 동안 충분히 몸조리하고 자가용으로 집에 돌아와서도 일회용 기저귀로 아기도 유모차로 싣고 다니지만, 그때는 포대기 받쳐 등에 업고 하루에 천 기저귀 20여 개씩을 빨아 삶아 널어서 말려야 했다.

나는 아무래도 산욕기 관리 소홀로 지금까지 뼈마디가 제자리로 돌아오지 못한 상태의 후유증으로 시달리며 살아온 것 같다. 더구나 직장생활을 하며 연년생으로 둘째까지 낳았으니 아무리 나이가 젊을 때라고는 하지만 내 몸은 혹사당했으리라 생각한다. 다행히 그 어려움 속에서도 건강하게 다 자란 아이들은 이제 사회에서 중요한 제 몫을 잘 해내고 있다.

여성의 건강은 산전 산후 몸을 얼마나 잘 추스르느냐 따라 지켜진다고 생각한다. 건강한 아이를 낳는 것만큼 중요한 것이 바로 산욕기 건강관리라고 생각한다. 나는 바보처럼 살아 지금 이렇게 부실한 몸으로 살고 있는 것 같다.

그 사람

미세먼지 속에서도 산수유, 매화, 벚꽃 등 봄소식이 가득하다. 베란다에 서니 남한산성 꼭대기까지 선명하게 보인다. 휴대폰이 울린다. C 오빠다. 오빠는 나의 멘토다. 1년에 한 번씩이나 전화하는 오빠가 무슨 일로?

B 교장이 죽었다 한다. 그 사람이 어제 죽었다 한다. 지금쯤 몇 살이나 되었나 아직 죽을 나이는 아닌데, 그 사람, 그 남자를 생각하면 나는 언제나 조금은 미안한 마음이 든다.

내가 대학 새내기 여름방학 때 아버지는 외출하는 나에게 버스 타고 갈래 기차 타고 갈래 물으셨다. 버스 타고 갈 거라고 했더니 친구한테 빌려본 책이라고 가는 길에 돌려주라고 아버지 친구 집 약도를 그려주셨다. 무척 더운 날씨에 맨손으로 바람을 얼굴에 날리며 열려진 대문을 살짝 밀고 계세요? 하며 마당에까지 들어가도 안에서 기척이 없다. 한참을 서 있었더니 누구십니까 하며 남자가 나왔다.

그 사람은, 무척 덥네요. 하며 나를 가까운 제과점으로 데리고 가 아이스크림, 빵 등을 많이 사주고 나올 때는 생과자 한 봉지까지 안겨주었다. 직업이 교사라 했다. 과잉 친절이다 싶었지만 집안 형편도 좋아 보이고 우리 아버지 친구 아들이니까 그저 친절한 오빠구나 생각했다.

몇 년이 지나 나는 취직을 해서 직장에 다니고 있을 때였다. 아버지가 나한테 그 청년이 나를 맘에 들어 한다고 사귀어보라 하셨다. 기억도 잘 나지 않은 그 사람, 그리고 나는 아직 결혼할 나이도 이르고 해서 대번에 싫습니다, 하고 대답했다. 그런데 어느 날 극히 가부장적인 아버지는 내 의사는 깡그리 무시한 채 약혼 날짜를 잡았다고 통고하셨다.

내가 사는 소도시에는 온갖 소문이 빠르고 무성했다. 약혼했다네, 파혼했다네, 여자한테 애인이 있었나 봐, 여자가 춤을 잘 춘다네, 남자가 아깝네 안 됐어.

어느새 나는 가해자, 그 남자는 피해자로 되어 있었다. 나는 억울했다. 알고 보면 내가 피해잔데 왜 사람들은 나를 가해자라고 하는지 이해할 수 없었다.

사랑, 연애, 결혼 따윈 하고 싶지도 않았고 생각하기조차 싫었다. 어머니 나, 새 직장을 찾아 이 고장을 좀 떠나 있을래요, 했더니 나의 어머니는 그러라고 흔쾌히 허락하셨다. 그 청년이 찾아왔기에 우리 딸이 아직 어려서 사람 볼 줄을 모르네, 자네같이 좋은 사윗감을 놓치는 게 안타깝지만, 인연이 아닌가 보네, 어디에 우리 딸만 못 한 신붓감이 있겠는가, 잊어버리고 좋은 인연 만나게나. 하고 돌려보냈다 한다.

육, 칠 년 후 나는 결혼을 하고 첫아들을 낳고 둘째를 임신한 몸으로 시골 초등학교에 근무하고 있을 때였다. 그 사람이 교육청에 장학사로 우리 학교에 출장을 나왔다. 참 어색한 해후였지만 몇몇 선생님은 그 사람과 나와의 소문을 알고 있고 대부분 모른다. 그 사람도 일찍 결혼해 아들딸 낳고 잘 산다는 소식을 간접적으로 들은 터라 우린 서로 주례적인 묵례만 주고받았다.

나는 둘째를 임신한 몸으로 시골 버스길 출퇴근에 무리가 왔었던 모양이다. 아무도 돌봐줄 사람이 없는데 조산을 하고 애 둘 양육하랴 힘들어 학교에 사직서를 제출하고 가정주부로만 쭉 살았다.

86아시안게임이 열릴 때 서울로 전근한 남편을 따라 서울살이가 시작되었다.

학창시절부터 좋아했던 문학에 심취되어 유명한 문학가들을 만나 교류하고 내가 좋아하는 사진 찍고 여행 다니고. 어, 하고 돌아다보니 순간, 나의 직계가족으로만 나포함 13명이나 되어있다.

나는 그 사람 사망 소식에 앞서 오빠는 건강하냐고 물었다. 응, 그래 89세까지는 건강하게 살아갈 거라 한다. 학교에서 체육주임으로 야구 꿈나무들을 키워낸 건강한 총각 선생님이던 오빠도 80을 넘어가고 있다.

그 사람과 같은 학교에서 근무할 때 그 사람이 오빠 교실로 찾아와 빙그레 웃으며 내 맘에든 좋은 사람 만났다며 결혼할 거라며 자랑하던 모습이 떠오른다고 하였다. 그랬어? 그랬었구나.

나는 우연이라도 그 사람 만나면, 꼭 한번은 만나 암튼 미안하다는 말을 하고 싶었는데 그 사람 이 세상 떠날 때까지 말할 기회를 놓치고 말았다. 지금이라도 말하고 싶다.

B 선생, 아니, B 오빠 미안했어요. 이제라도 어디로든 전해지기만 하여라.

사랑은 받는 것보다 주는 것이 더 행복하다고 했다. 그 사람 나한테 사랑을 줘 행복했을까, 나는 솔직히 그 사람한테 사랑받아 괴로웠다. 한창 괴로움에 고민하고 있을 때 저간의 사정을 잘 알고 있는 C 오빠가 나를 만나자고 했다.

너 B 선생이 그렇게 싫으냐? 내가 가까이 지켜보고 있잖아, B 선생 참 괜찮은 사람이야, 백 퍼센트 맘에 들어 결혼한 사람 별로 없어. 나도 중매결혼해서 그냥 살아가는 거야. 살다 보니 정이 들고 자식 낳고 그렇게 살아가고 있어.

B 선생이 오빠에게 제발 좀 도와 달라 부탁했단다. 오빠의 어떤 말로도 나는 설득 당하지 못했다. 오빠는 그때 마음속으로 아이고 광산김씨 딸 고집 정말 세다, 했을 것이다. 오빠 외손녀가 4월에 결혼한다니 오빠는 지금 왕 할아버지가 되어계시다.

블루 조망권

우리나라 전통 마을에서 흔히 나오는 말은 배산임수 명당 터다. 배산임수란 산을 등지고 물이 있는 쪽을 바라본다, 라는 말이다. 의, 식, 주에서 생활반경에 물과 나무는 주거공간에 필수품이다. 지금 내가 살고 있는 아파트에서도 산이 보이는 맨 앞 동은 뒷동보다 가격이 훨씬 높다. 그린 조망권, 즉 숲세권이라서 그렇다. 한강이 보이는 곳은 한강권, 블루 조망권이라 한다.

주변 환경에 대한 미래 트렌드(경향, 추세, 유행, 현상)로 숲과 가까운 곳, 조망권과 함께 숲이 중요시되면서 산, 숲이 가까운 그린 조망권과 바다, 강, 호수를 바라볼 수 있는 블루 조망권이 제일 인기라 한다. 그만큼 나무와 물은 주택 가격에까지 많은 영향을 미치고 있고 가장 대표적인 곳으로 서울 한강 주변 아파트들과 서울숲공원, 부산 해운대 아파트 등으로 사람들이 많이 모이는 것을 보면 짐작할 수 있다.

더구나 요즘 날씨는 삼한사온이 아니라 삼한사미라 한다. 즉 삼일 추우면 나흘이 따뜻한 게 아니라 삼일 추우면 나흘은 미세먼지라 한다. 미세먼지 또는 초미세먼지란 우리 눈에 보이지 않는 아주 작은 오염 물질로 기관지나 폐에 각종 질병을 유발한다. 냄새나 색깔도 없기 때문에 심각하게 오염된 공기를 우리는 지금까지 경각심을 느끼지 못하고 살아왔다. 그러나 이젠 모두 좋은 공기 등 쾌적한 주거환경을 희망해 숲세권, 한강권을 더욱더 선호하고 있는 것 같다.

나는 우선 내 집에서부터 시장이 가깝고 은행, 병원이 가까우면 편리한 생활을 할 수 있다고 생각하며 살았다. 더 나이 들어서는 거기에 지하철역이 가깝고 한강 가까이 블루 조망권으로 가서 살았으면 좋겠다 싶다.

주택산업연구원이 한국갤럽에 의뢰해 서울·수도권에 사는 만 25~64세 1020명을 대상으로 실시한 2025년 미래 설문조사를 바탕으로 분석한 결과로 7대 트렌드를 발표했다. 여기에서 교통·교육 여건보다 주거 쾌적성의 중요성이 단연 1위인 것으로 나타났다. 이전까지 우선 고려했던 교통이나 교육 여건을 앞섰다. 지하철역이 가까운 역세권 아파트보다 '공원이 가까운' 아파트를 더 선호한다는 의미다. 자연을 즐기며 휴식할 수 있는 세컨드 하우스(Second House)도 증가할 것으로 예상했다. 응답자의 84%가 조립식이나 이동식 세컨드 하우스를 장만하고 싶어 했다 한다.

미래 트렌드에 대한 인식조사 결과 쾌적성이 으뜸이고 다음 교통 편리성, 생활편의시설, 교육환경 순으로 나타났다고 하니 이는 역세권보다 숲세권 선호도가 더 많은 인기를 끌고 있음을 보여주는 것이다. 과거에는 출퇴근이 편리한 역세권과 학교나 학원가에 가까운 강남 대치동 같은 학세권을 꼽았다. 그러나 이젠 미세먼지 때문인지 숲세권과 한강권에 조금 뒤로 밀려난 것 같다.

또 젊은이들은 맥도날드와 가까운 맥세권, 스타벅스가 가까운 스세권도 선호하고 있다 한다. 맥세권과 스세권은 1인 가구 증가와 우리나라 사람들의 식습관 변화로 커피가 차지하는 비중이 부쩍 많아진 것 때문이다. 스타벅스 밀집 지역은 강남구 역삼동이 세계 1위라고 하니 강남이 소문대로 참 살기 좋은 곳인가 보다.

쇼핑몰 할 때 몰(mall)이라 하는 몰세권이란 곳도 있다. 이곳에서 보통 쇼핑, 식사, 여가생활 등을 한꺼번에 즐길 수 있기 때문에 사람들이 많이 몰리는 강남 코엑스몰, 영등포 타임스퀘어는 의식주의 인기 지역임이 틀림없다.

역세권, 학세권, 맥세권, 스세권, 몰세권, 숲세권, 이런 이름들은 모두 다 베이비붐 세대(1955~64년생)나 에코 세대(1977~97년생)에 의해 생겨난 부동산 신조어들이지만 주택시장 트렌드이기도 하다.

생각해보면 어린 시절 나는 배산임수 지역 아주 명당에서 자랐던 것 같다. 집 뒤로 3만여 평의 높지 않은 산이 있었고 좌·우측에 과수원과 대나무숲, 앞으로는 오목천과 극락강이 있었으니.

김용림의 수필 세계

최병탁(소설가)

김용림의 수필 세계

다양성의 미학

최 병 탁 (소설가)

만소 김용림은 수필가이자 소설가다. 먼저 수필과 소설 두 장르의 개념을 구분해서 알아보자. 수필은 붓 가는 대로 자유롭고 범위가 넓은 범주에서 쓰는 문학이고 소설은 개연성이 있는 허구로서 현실성을 바탕으로 하는 문학이라고 할 수 있다. 따라서 두 문학 장르의 차이점은 사실과 허구로써 구분할 수 있을 것이다. 그런데 두 장르의 공통점을 말하라면 둘 다 서사구조를 가지고 있다는 점이다.

필자는 어느 수필가에게 권장하는 의미에서 수필도 같은 산문이니까 소설도 써 보라고 했더니 그 수필가는 웃으면서 말하기를 '나는 거짓말을 할 줄 몰라 소설을 못 쓴다'고 대답했다. 소설이 개연성이 있는 허구라면 소설은 참말 같은 거짓말이 된다. 수필과 소설의 공통점이 서사구조라면 이것은 인물 사건 배경을 요소로 하는 조건이 있다. 인물 사건 배경이 있는 구성이어야 흥미를 유발하게 된다.

그런데 어떤 수필에는 독백으로 시작해서 독백으로 끝나는 경우가 있는데 그것은 서사구조와는 관계가 밀접하지 않다. 소설도 마찬가지로 '의식의 흐름' 기법으로 서술하는 소설들이 출현했는데 이 역시 서사구조를 무시하는 경우다. 서사구조는 스토리텔링으로서 흥미를 본위로 하는 경향에서 볼 수 있다.

한때 의식의 흐름 기법 즉 인간의 내면을 묘사하는 경향으로 쏠리던 때가 있었는데 그것은 한때의 트렌드에서 머무른 바 있었고 다음은 다양한 기법으로 혼용되어 포스트모더니즘이 성행하던 때도 있었다.

그러면 만소 김용림은 어떤 작가인가. 만소는 일반적인 대인관계나 강남문화원에서 10여 년간 역사문화탐방 총무로 활동할 때 마이크를 잡고 사람을 잘 웃긴다고 한다. 개그적인 체질은 원래 천성이라고 하는데 웃긴다는 것은 순발력의 소산이다. 이러한 바탕에서 그는 수필을 쓰고 소설을 쓴다.

그는 거짓말도 모르고 거짓말도 잘하는 작가라고 할 수 있다. 왜냐 하면 그는 수필가이면서 소설가이기 때문이다. 거짓말을 할 수 없어 소설을 못 쓴다는 어느 수필가와는 체질이 너무 다른 것이다. 만소는 시야가 넓은 작가라서 그런지 장르에 구애를 받지 않고 자유롭게 구사하는 태도를 보인다. 다시 말해서 다양성의 작가다. 앞으로 이 수필집의 작품들을 통해서 그의 다양성의 미학을 분석해 볼 것이다.

필자가 여기서 말하는 미학이란 문학성을 의미한다. 여러 가지 구성법이나 양식을 통하여 표출되는 작품에서 나타나는 정서가 어떻게 문학성으로 표현되고 묘사되느냐가 만소의 관점이라고 할 수 있다. 본론으로 들기 전에 우선 수필의 갈래부터 언급하고 싶다. 수필에는 크게 두 가지의 특질을 가진다. 이른바 에세이(essay)와 미셀러니(miscellany)가 그것인데 에세이는 비평적 평론적 내용으로 쓰는 수필이고 미셀러니는 수상록 같은 감상적인 정서가 묻어나는 수필이다. 그렇다면 구체적으로 수필의 영역은 어디까지인가. 수필의 한계는 무한히 펼쳐져 있다. 일반적으로 신변잡기부터 시작하여 보고 듣고 느낀 것을 기록하는 기행문, 신문 같은 데에 잘 나오는 칼럼과 해설문이나 르포도 모두 수필 장르에 속할 것이다. 심지어는 소속 장르를 분별하기 곤란한 잡기들도 모두 수필 속에 들어갈 수 있다.

만소 김용림은 소설을 쓰다가 수필을 쓰고 어느 때는 문화해설사가 되어 해설문을 쓰고 더 나아가 역사적인 현장에 가서는 르포라이터가 된다. 이번 수필집은 지난번에 상재했던 수필집과는 차이가 나게 르포의 성격이 짙은 작품들이 더러 나온다. '천년 고찰 봉은사'나 '선정릉 해설' 등에 지면을 많이 할애하고 있다. 원래 만소의 성격대로라면 간결 명료한 문장들이 제격이지만 르포나 해설문에서는 유유한 만연체로 문장이 길게 서술되고 있다. 이렇듯 문체도 다양하게 건조, 만연, 화려, 간결체를 적재적소에 응용하는 다양성의 미학을 구사하고 있다. 생활수기라고 할 수 있는 '그 사람'은 만소 본래의 성격이 반영되어 호흡이 빠르고 시원시원한 간결체를 구사하고 있다.

만소의 작품들 가운데는 역사 공부를 유도하는 작품들이 눈에 잘 띈다. 앞서 말한 '선정릉…….'이나 '천년고찰…….'은 내용전달이 돋보이면서 역사를 통해 현재를 조명하고 있다. 정녕 역사 공부를 하는 기분으로 읽혀지는 작품들이다. 상세한 역사 정보를 어쩌면 그렇게 리얼하고 디테일한 터치로 서술했는지 놀라울 뿐이다. 왕족의 묘인 능, 원, 묘 등의 치밀한 구분이며 대궐의 의전 절차와 금천교, 홍살문, 정자각 등의 해설을 보면 작가의 눈썰미가 얼마나 섬세한지를 알 수 있다.

'종로 3가'를 보자. 이 글은 지식사회에 호소하는 작품이기도 하다. 낙원상가와 허리우드 극장의 변천사에서 오늘의 우리를 허무감에 빠져들게 한다. 만소의 글은 정보의 샘이라고 할 수 있다. '이방원의 첫사랑'에서는 역사물이지만 감상적 필법이 동원되고 있다. 미셀러니의 효과가 역사물에서도 잘 나타나고 있으며 역사의 미궁을 파헤쳐가는 작가의 서술법은 다분히 스토리텔링을 도입하고 있다. 만소는 앞으로 역사소설도 얼마든지 집필할 수 있는 필법을 가지고 있다. 아무튼 '이방원의 첫사랑'에서 태종의 결혼 전의 인연인 서민 출신 분이를 추적하는 맛은 다분히 추리소설의 한 대목을 보는 듯하여 흥미가 쏠쏠하다.

만소는 그리워할 줄 아는 작가다. 쾌활하고 낙천적인 성품에 반하여 어느 때는 우수적이고 연민의 정서가 물씬 묻어나오는데 이

서정은 '주양 언니'에서 볼 수 있다. 또한 가정사 이야기로는 '동곡 아재'가 있는데 역시 우수적인 정서가 돋보인다. '그냥저냥 살아'에서는 은사의 죽음에 대한 상념이다. 인간관계를 불교적으로 해석하면 인연이라고 하겠지만 만소 김용림의 인간관계의 인연은 연민으로 통할 수 있다.

기행문의 본질을 잘 보여주는 글로서는 '극기도사'의 요코이 동굴 기행이다. 괌(태평양의 섬)의 어제와 오늘이 실감 나게 서술되고 있는데 보고 듣고 느끼는 글로 표본을 보이고 있다. 고택을 찾아 그리움의 대상을 연민하는 글로 '김형'이 있다. 문화재 고택에 얽힌 인연들을 나열하다가 정작 동기생 김형을 그리워하는 장면이 자못 심금을 울린다. 역시 역사 공부하기 좋은 작품으로 '간이역에서'라 하겠다. 간이역에서 회상하는 역사의 한 가닥을 들추고 있는데 울분과 분노를 야기하는, 작가의 아버지가 직접 겪은 일제 강점기의 광주 학생 독립운동 사건을 다루고 있다. 울분과 분노도 다양한 정서의 한 서정이다. 이렇게 십여 개 작품을 주마간산으로 일별해 보았지만, 근본은 다양성의 미학을 점검하는 데에 있었다.

그리고 인간 자연의 순리를 표현한 '동행'을 언급하고 싶다. 여기에도 은은한 미학이 내포되어 있기 때문이다. 정기적으로 부부동반 모임을 가져왔는데 젊은 시절의 모임에서는 부부 험담이 대종을 이루었지만, 황혼기의 부부 모임에서는 서로가 부부 칭찬으로 일관하는 모습을 보면서 이것도 자연의 순리에서 찾을 수 있는 아름다움이 아닐 수 없다.

내친김에 중복이 될망정 강조하는 의미에서 수필의 특성에 대하여 부연 설명하고자 한다. 수필은 시 소설 희곡과는 달리 형상화에 의한 창조물은 아니다. 일반 평론처럼 비평적 입장에서 평가를 내리는 비평문도 아니다. 수필은 자연과 인생을 관조하며 존재의 의미를 찾아내고 예리한 지성으로 대상을 서술 묘사하는 문학 장르인 것이다. 또한 서사와 서정을 정서적 감동으로 흥미를 제공하면서 다른 문학 장르들과 연관 지어 자연스럽게 포용하기도 한다. 그리하여 수필의 영역은 다양하게 범위를 넓혀가는 것이다.

수필은 시나 소설 희곡처럼 일정한 형식의 제약을 받는 문학이 아니다. 특히 미셀러니의 경우는 서정이나 사색을 운문이 아닌 산문으로 표현 묘사하는 문학으로서 일기체나 서간체 담화체 등으로 자유롭게 표현하면 되는 것이다. 에세이의 경우는 작가 자신이 의도하는 대상의 특질을 찾아내 옳고 그름을 분별해서 지성적으로 분석하여 무겁지 않고 자연스럽게 성찰하듯 평가해야 한다. 그리하여 칼럼이 되고 르포가 되고 해설문이 되는 것이다.

수필은 제재가 다양하고 광범한 문학이다. 인생과 사회와 자연속에서 어떤 부분이라도 수필의 제재가 되고 소재가 될 수 있다. 우리가 어떤 제재를 하나 제시해 놓고 이것을 소설로 혹은 희곡으로 쓰면 어떨까 하고 물을 때 상대는 그게 어디 소설 감이 되겠느냐, 어떻게 그것을 희곡으로 형상화하여 무대에 올릴 수 있겠느냐고 하면서 부정을 가할 수 있다. 그러나 수필은 어떤 제재라도 수용할 수 있는 것이다.

여기까지 와서 일고할 때 만소 김용림의 수필은 제재에 전혀 제약을 받지 않는다. 상기한 이론마저도 적용되지 않는다는 것을 알 수 있다. 말하자면 역사소설로 써야 할 제재로도 르포나 해설문 또는 보고문으로도 집필할 수 있는 다양성의 작가이기 때문이다.